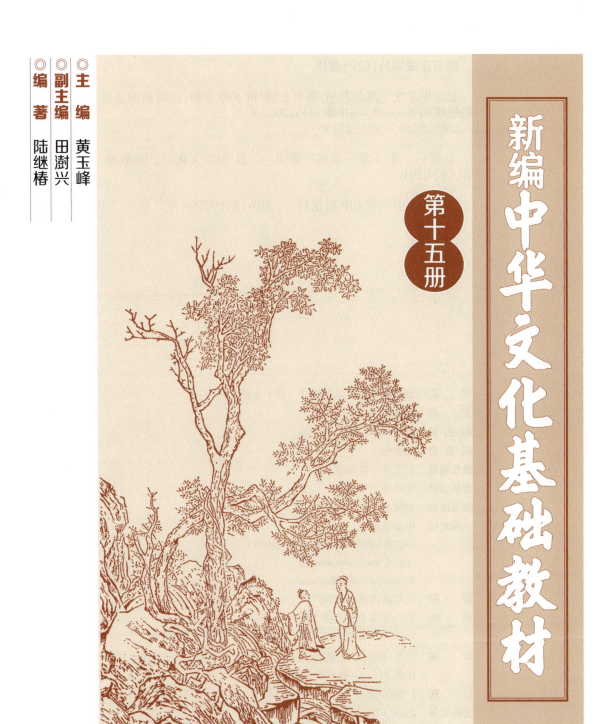

◎ 主 编　黄玉峰

◎ 副主编　田澍兴

◎ 编 著　陆继椿

新编中华文化基础教材

第十五册

中华书局

图书在版编目(CIP)数据

新编中华文化基础教材.第十五册/黄玉峰主编;田澍兴副主编;陆继椿编著. —北京:中华书局,2017.8
ISBN 978-7-101-11756-1

Ⅰ.新… Ⅱ.①黄…②田…③陆… Ⅲ.中华文化-初中-教材
Ⅳ.G634.301

中国版本图书馆 CIP 数据核字(2016)第 087098 号

书　　名	新编中华文化基础教材　第十五册	
主　　编	黄玉峰	
副 主 编	田澍兴	
编 著 者	陆继椿	
责任编辑	祝安顺　　熊瑞敏	
装帧设计	王铭基　　王　娟	
插图绘制	刘耀杰	
出版发行	中华书局	
	(北京市丰台区太平桥西里 38 号　100073)	
	http://www.zhbc.com.cn	
	E-mail:zhbc@zhbc.com.cn	
印　　刷	北京瑞古冠中印刷厂	
版　　次	2017 年 8 月北京第 1 版	
	2017 年 8 月北京第 1 次印刷	
规　　格	开本/880×1230 毫米　1/16	
	印张 7½　字数 100 千字	
印　　数	1-5000 册	
国际书号	ISBN 978-7-101-11756-1	
定　　价	22.80 元	

编写说明

一、《新编中华文化基础教材》是响应中共中央办公厅、国务院办公厅《关于实施中华优秀传统文化传承发展工程的意见》及教育部《完善中华优秀传统文化教育指导纲要》指导精神组织编写的中华优秀传统文化教材，一至九年级十八册，高中学段六册，共二十四册。

二、本教材以"立德树人"为教学宗旨，以分学段有序推进中华优秀传统文化教育为目标，注重培育和提高学生对中华优秀传统文化的亲切感和感受力，增强学生对中华优秀传统文化的理解力和理性认识，坚定文化自信。

三、本册教材供八年级上学期使用，内容以中国古典文学作品为主。传统文化是一种具有生命力的生活方式、思维模式和审美范式，而古典文学则是通向传统文化的重要途径。在编写过程中，我们遵循以下三个原则：

1.兼容并包的原则。教材广泛选择各种思想流派和各种体裁的文学作品，体现中华文化多元一体、和而不同的文化品格。

2.择善而从的原则。教材的选篇均为古典文学的经典篇目，是优秀传统文化中的精粹。

3.注重审美的原则。教材选择以古典文学作为通向传统文化的途径，希望学生在古典文学的审美体验和熏陶中习得并认同传统文化。

四、本册教材包含五个单元，每单元分为四个部分：

1.单元导读。此部分对单元主题作简要介绍和概览，使学习者明确单元学习内容；设置情境，引发疑问与兴趣，为学习作准备。

2.选文部分。此部分为单元学习的重心，包括原文与注释两部分。原文以权威版本为底本，注释方面遵循以通解为主、局部释义的原则，帮助学生理解。

3.文史知识。此部分聚焦本单元涉及的文史知识，展开较为详尽的介绍、阐发与拓展，让学生更系统地感知文史传统。

4.思考与练习。此部分为教材的练习系统，辅助学习者在单元学习过程中及学习完成后，对自己的学习情况进行检验，并明确进一步学习的任务。

五、本教材之编辑力求严谨，编写过程中广泛征求各界意见，期能以较完备之面貌呈现；然疏漏之处在所难免，敬祈学界先进不吝指教。

编者

2017年2月

目录

第一单元　书册间的历史瞬间
——《左传》《战国策》

第二单元　浩然之气，充满天地
——《孟子》

第三单元　汪洋恣肆，睥睨一切
——《庄子》

第一单元

书册间的历史瞬间
——《左传》《战国策》

单元导读

　　春秋"五霸"，你听说过吗？称"霸"，是当时几个大国国君的梦想，前前后后被人们称道的有五位国君。其中，比较通行的说法，是指齐桓公、秦穆公、晋文公、宋襄公、楚庄王。可是，有人说宋襄公算不上"五霸"之一，因为他很傻。傻子必做傻事，他做过什么傻事呢？宋襄公真傻吗？

　　齐桓公死后一百多年，齐景公当了国君，他用了著名的政治家晏子（晏婴）为相，使齐国的内政外交都有了突出的表现。齐景公关心晏子，要帮他改善居住条件，于是，便上演了一幕有趣的"拆迁"历史剧。

　　要了解上述历史，你需要读读《左传》。

　　《左传》，《春秋左氏传》的简称。

　　相传孔子作《春秋》，用极严谨而简练的文字，以编年史的形式，记载了鲁隐公元年至鲁哀公十四年（公元前722年至公元前481年）间的历史。《春秋》记事简单，难于理解。

　　相传孔子的好朋友左丘明便广泛搜集资料，承担起解释、演绎《春秋》的任务。终于编写出《春秋左氏传》，详细地记述了各诸侯国之间发生的重要事件，真实生动地展现了春秋时代的政治、军事、经济和文化等方面的面貌。

　　《左传》作为我国第一部叙事详备的编年史，毫无疑问具有极其重要的历史文献价值。同时，因为《左传》叙事记人的构架和描写，将历史散文的神韵风采发挥到极致，因而，又具有极典范的文学价值。

　　春秋争霸称"五霸"，战国争雄出"七雄"，更是天下大乱了。大国吞并小国，大国之间又你争我夺，斗争错综复杂，替各国出谋划策的人非常活跃。你知道苏秦、张仪吗？你会讲"狡兔三窟"的故事吗？读读《战国策》吧。

《战国策》简称《国策》，是一部根据先秦有关资料汇编而成的书。汇编整理者为西汉末年的刘向。他按照战国时期秦、齐、楚、赵、魏、韩、燕、宋、卫、中山十二国的次序编排，以人物活动为中心，记载了当时的史事，是一部国别体史书。所记大多是战国中期以后的人和事，这是因为当时以秦、齐两大国为主的七国争雄中，各种人物卷入了大大小小的政治、军事事件，因而，以人物游说活动为主记言、叙事，就呈现出浓墨重彩的历史画卷了。

选文部分

王孙满对楚子

春秋时期周王室已经衰微，礼崩乐坏，大国争霸，相互攻伐，以至于楚子可以问鼎周室。鼎为传国之宝，是王权象征之一。楚国受封子爵，在争霸中却自称王。楚庄王陈兵示威，周定王只得派王孙满以劳军的名义去周旋。而王孙满不辱使命，以"在德不在鼎"的道理压倒了楚庄王。

楚子伐陆浑之戎①，遂至于雒②，观兵③于周疆。

定王使王孙满④劳楚子。楚子问鼎⑤之大小轻重焉。对曰："在德不在鼎。昔夏之方有德也，远方图物⑥，贡金九牧⑦，铸鼎象物⑧，百物而为之备，使民知神、奸。故民入川泽山林，不逢不

---

①楚子：这里指楚庄王。楚在周被封子爵，因此尽管楚国很早就自称"王"，但《春秋》依然称其为"楚子"。戎：古时北方的少数民族，陆浑是其中一支，在今河南嵩县及伊川县。　②雒（luò）：今通常作"洛"，此处指洛水。　③观兵：屯兵示威，这里是向周示威。　④王孙满：周大夫。　⑤鼎：即九鼎，相传大禹铸九鼎，从夏传到周，被视为王权的象征。因此楚子向周王室问九鼎的形制，隐含有夺取天下的野心。　⑥远方图物：正常的语序应该是"图远方（之）物"，即绘制远方的各种物象。⑦贡金九牧：正常的语序应该是"（使）九牧贡金"，即使九州的首领贡献铜。　⑧铸鼎象物：（用九州贡献的铜）铸成九鼎，并将各州的风物分别铸在鼎上。杨伯峻先生认为这可能只是传说。

若①。螭魅罔两②，莫能逢之，用③能协于上下，以承天休④。桀有昏德，鼎迁于商，载祀⑤六百。商纣暴虐，鼎迁于周。德之休明⑥，虽小，重也。其奸回⑦昏乱，虽⑧大，轻也。天祚⑨明德，有所底止⑩。成王定鼎于郏鄏⑪，卜世三十，卜年七百⑫，天所命也。周德虽衰，天命未改，鼎之轻重，未可问也。"

——《左传·宣公三年》

烛之武退秦师

处于晋、楚两大国之间的郑国，生存形势非常严峻。晋、秦联军压境，情况十分危急。烛之武临危受命，夜见秦伯，分析利害，离间秦、晋，说明存郑国可作为"东道主"的好处，使秦伯高兴地跟郑人结盟，还留下一部分军队协助防守。晋军也只好撤退了。

①不若：若，顺。不若，不顺。这里指对自己不利的事物。　②螭（chī）魅罔两：也作"魑魅魍魉（wǎng liǎng）"，均为鬼怪。　③用：因此。　④天休：上天的福佑。休，吉庆，福禄。　⑤载祀：同义复词，都表示年的意思。　⑥休：美。明：光明。　⑦回：邪，与"奸"同义。　⑧虽：即使。　⑨祚（zuò）：赐福。　⑩底（dǐ）止：终限。　⑪郏鄏（jiá rǔ）：周王城所在地，在今河南洛阳。　⑫这句话的意思是：占卜的结果是传世三十代，享国七百年。这是《左传》好预言特征的体现。

晋侯、秦伯围郑①，以其无礼于晋，且贰于楚也②。晋军函陵③，秦军汜南④。

佚之狐言于郑伯曰⑤："国危矣！若使烛之武见秦君，师必退。"公从之。辞曰："臣之壮也，犹不如人；今老矣，无能为也已。"公曰："吾不能早用子，今急而求子，是寡人之过也。然郑亡，子亦有不利焉。"许之。

夜，缒⑥而出。见秦伯曰："秦、晋围郑，郑既知亡矣。若亡郑而有益于君，敢以烦执事⑦。越国以鄙远⑧，君知其难也，焉用亡郑以陪邻？邻之厚，君之薄也。若舍郑以为东道主，行李⑨之往来，共⑩其乏困，君亦无所害。且君尝为晋君赐矣，许君焦、瑕⑪，朝济而夕设版焉⑫，君之所知也。夫晋，何厌之有？既东封郑⑬，又欲肆其西封；若不阙秦，将焉取之？阙秦以利晋，唯君图之。"

秦伯说⑭，与郑人盟。使杞子、逢孙、杨孙⑮戍之，乃还。

子犯⑯请击之。公曰："不可。微夫人⑰之力不及此。因人之力而敝之，不仁；失其所与⑱，不知⑲；以乱易整，不武⑳。吾其还也。"亦去之㉑。

——《左传·僖公三十年》

---

①晋侯：晋文公。秦伯：秦穆公。　②这两句话的意思是：指晋文公曾经流亡到郑国，郑国没有以应有的礼遇接待他；后来郑国依附于晋的同时又依附于晋国的敌对国楚。以，因为。贰，两属，背叛。　③函陵：郑地名，在今河南新郑北。　④汜（fán）南：汜水的南面。这里的汜是指东汜水，在今河南中牟县南，已经干涸。　⑤佚之狐：郑大夫。郑伯：郑文公。　⑥缒（zhuì）：用绳子拴着人（或物）从上往下送。　⑦执事：对对方的敬称。　⑧鄙远：把远方的土地作为自己的边邑。　⑨行李：使者。　⑩共：同"供"，供给。　⑪焦、瑕：城名。两城故址在今河南三门峡市西。　⑫朝济而夕设版焉：早上渡河回国，晚上就修筑防卫工事。济，渡。版，筑墙用的木板。　⑬东封郑：向东攻略郑国。　⑭说：同"悦"，高兴。　⑮杞子、逢（páng）孙、杨孙：都是秦大夫。　⑯子犯：晋大夫狐偃的字。　⑰微夫（fú）人：微，（如果）没有；夫人，那个人，指秦穆公。晋文公在流亡和回国即位等事件上曾得到过秦穆公的支持。　⑱所与：指秦晋的同盟关系。　⑲知：同"智"，有智慧的。　⑳这句话的意思是：用战乱来替代同盟间的团结，（即使胜利）也不符合武德。　㉑去之：离开郑国。

子鱼论战

　　以霸主自居的宋襄公，对敌人讲仁慈，背弃了战争的基本原则，在与楚军的交战中，大败而归。《子鱼论战》中的大司马子鱼，倒是位明智的军事家，可惜他的意见并没有被采纳。

　　楚人伐宋以救郑。宋公①将战，大司马固②谏曰："天之弃商③久矣！君将兴之，弗可赦也已④。"弗听。

　　冬十一月己巳朔，宋公及楚人战于泓⑤。宋人既成列，楚人未既济⑥。司马曰："彼众我寡，及其未既济也，请击之。"公曰："不可。"既济而未成列，又以告。公曰："未可。"既陈⑦而后击之，宋师败绩⑧。公伤股，门官歼焉⑨。

　　国人皆咎公。公曰："君子不重伤⑩，不禽二毛⑪。古之为军也，不以阻隘也⑫。寡人虽亡国之余，不鼓不成列。"子鱼曰："君未知战。勍敌⑬之人，隘而不列，天赞我也。阻而鼓之，不亦可乎？犹有惧焉。且今之勍者，皆吾敌也。虽及胡耇⑭，获则取之，何有于二毛⑮？明耻教战⑯，求杀敌也。伤未及死，如何勿重？若爱⑰重

---

①宋公：宋襄公。　②大司马固：指宋庄公的孙子公孙固，此时担任大司马一职。也有说法认为此人就是子鱼，固是他的字。　③天之弃商：宋是商后裔的封国。商朝已经灭亡多时，所以说是被天抛弃了。　④这句话的意思是：您想要使殷商的后裔再度兴盛，（这种违背天意的做法）是不可能得到赦免的。　⑤泓：水名，在今河南柘城。　⑥既济：完成渡河。　⑦陈：同"阵"，军队布阵。　⑧败绩：大败。　⑨门官歼焉：门官，当时由宋国贵族子弟组成的护卫宋襄公的近卫队。歼，都被杀。　⑩不重（chóng）伤：对已经受伤的敌人，不忍再加杀伤。　⑪禽：同"擒"，捉住。二毛：头发黑白相间。　⑫这句话的意思是：不在地势险要的地方扼守敌军。　⑬勍（qíng）敌：强敌。　⑭胡耇（gǒu）：老年人。　⑮这句话的意思是：（即使是年老者也要杀伤）更不须顾及头发黑白相间者。　⑯明耻教战：首先教战士懂得失败误国之耻，再使其勇于战斗。　⑰爱：怜惜。下句的"爱"也是这个意思。

伤，则如勿伤；爱其二毛，则如服焉。三军以利用也^①，金鼓以声气也^②。利而用之，阻隘可也；声盛致志，鼓儳可也^③。"

——《左传·僖公二十二年》

石碏^④谏宠州吁

> 立储是各诸侯国的重大问题，卫庄公的教训，是发人深思的。石碏的六逆六顺说尽管有其鲜明的时代特征——即维护嫡长子继承制，但是对后世君王立储传位以及一般人家如何教育培养子女，仍有一定启发意义。

卫庄公娶于齐东宫得臣之妹^⑤，曰庄姜^⑥，美而无子，卫人所

---

①这句话的意思是：军事行为的原则是见到有利可图就应该去做。　②这句话的意思是：战场上的进退凭借的是战士的勇气与整体气势。　③这句话的意思是：如果战鼓敲响能够使全军将士士气高涨，那么敌方还排列未齐时就可以发动攻击。儳（chán），不整齐。　④石碏（què）：卫国大夫。　⑤卫：诸侯国名，姬姓，在今河南淇县、滑县一带。卫庄公是公元前757年即位的。东宫：太子居住的地方，此处指代太子。得臣：齐庄公所立太子，但没有即位就去世了。　⑥庄姜：齐庄公的嫡女，卫庄公的妻子。庄是她丈夫的谥号，姜是娘家的姓，这是当时称呼贵族女子的习惯。

新编中华文化基础教材·第十五册

为赋《硕人》也①。又娶于陈②，曰厉妫③，生孝伯，早死。其娣戴妫生桓公④，庄姜以为己子。

公子州吁，嬖人⑤之子也，有宠而好兵，公弗禁，庄姜恶之。石碏谏曰："臣闻爱子，教之以义方⑥，弗纳于邪。骄、奢、淫、泆⑦，所自邪也。四者之来，宠禄过也。将立州吁，乃定之矣。若犹未也，阶⑧之为祸。夫宠而不骄，骄而能降，降而不憾⑨，憾而能眕⑩者，鲜矣。且夫贱妨贵，少陵长，远间亲，新间旧，小加大，淫破义，所谓六逆也；君义，臣行，父慈，子孝，兄爱，弟敬，所谓六顺也。去顺效逆，所以速祸⑪也。君人者将祸是务去⑫，而速之，无乃⑬不可乎？"弗听。其子厚与州吁游，禁之，不可。桓公立⑭，乃老⑮。四年春，卫州吁弑桓公而立。

——《左传·隐公三年、四年》

子产不毁乡校

子产是位具有远见卓识的政治家，《子产不毁乡校》就极生动地记述了他欢迎民众批评议论政事，表现了他为民亲民的宽广胸怀和民主眼光。

①赋：创作。《硕人》：《诗经·卫风》中赞美庄姜的诗。　②陈：诸侯国名，在今河南开封以东、安徽亳县以北。　③厉妫（guī）：卫庄公再娶的夫人。妫是陈国的姓，这里的"厉"与其妹妹的"戴"都是她们的谥号。　④娣（dì）：妹妹。戴妫：随厉妫出嫁的妹妹。　⑤嬖（bì）人：这里指受到宠幸的女人。　⑥义方：适宜的道理。方，道理。　⑦奢：无礼。淫：违法。泆（yì）：通"逸"，放纵。　⑧阶：阶梯，这里作动词，意思是成为将来祸患的阶梯。　⑨降：这里指地位下降。憾：恨。　⑩眕（zhěn）：本义是眼光中有恨意但克制住，这里就是克制的意思。　⑪速祸：速，形容词活用为动词，特殊的动宾关系使动用法，意思是使灾祸很快到来。　⑫将祸是务去：正常的语序应该是"将务去祸"，意思是作为君主应该务必去除祸患。是，宾语前置的标志词。　⑬无乃：岂不是，是一种语气较为委婉的反问。　⑭《左传》记录此事时卫桓公已经即位十五年了，因此上述石碏的进谏是追述。　⑮老：指告老退休。

郑人游于乡校①，以论执政。然明②谓子产曰："毁乡校，何如？"子产曰："何为？夫人朝夕退而游焉③，以议执政之善否④。其所善者，吾则行之；其所恶者，吾则改之。是吾师也，若之何毁之？我闻忠善以损⑤怨，不闻作威以防⑥怨。岂不遽止⑦？然犹防川⑧，大决所犯，伤人必多，吾不克救也⑨。不如小决使道⑩，不如吾闻而药之也⑪。"然明曰："蔑也今而后知吾子之信可事也⑫。小人实不才⑬，若果行此，其郑国实赖之，岂唯二三臣⑭？"

仲尼闻是语也，曰："以是观之，人谓子产不仁，吾不信也。"

——《左传·襄公三十一年》

景公欲更晏子⑮之宅

> 齐国在称霸的齐桓公死后，内乱了几次，国力大不如前了。晏婴出任后，主张省刑减税，以礼治国，深得民心；他本人又律己甚严，以清廉节俭著称。《景公欲更晏子之宅》非常典型地表现了晏婴的为人和施政。

①乡校：地方上的学校，从记载来看，它既承担教育培养人才的功能，又具备议政的功能。　②然明：郑国大夫。　③退：工作完毕后回来。游：游历，这里指来到。焉：句末语气词。　④善否（pǐ）：好和不好。　⑤损：减少。　⑥防：堵住。　⑦这句话的意思是：难道不能很快地制止（怨言）吗？遽（jù），马上，立刻。　⑧这句话的意思是：但是就像堵塞大河一样。　⑨这三句话的意思是：如果河流大面积决口，伤害的人一定很多，我们就很难救援了。　⑩这句话的意思是：不如开个小口让（河流）畅通。道，同"导（导）"，疏通。　⑪这句话的意思是：不如我听取（他们的批评意见）并用它来疗救施政中的过失。药，名词活用为动词，特殊的动宾关系意动用法，把它作为治病的药。　⑫这句话的意思是：从今以后我知道您是真的可以做成大事业的人啊。蔑，然明的名，古人自称用名，表示谦敬。　⑬小人：自己的谦称。不才：没有才能。　⑭这三句话的意思是：如果真的施行这一政策，对郑国确实有利，难道仅仅有利于二三位大臣吗？　⑮晏子：晏婴，齐国大夫。

初，景公欲更晏子之宅，曰："子之宅近市，湫隘嚣尘[①]，不可以居，请更诸爽垲[②]者。"辞曰："君之先臣容焉，臣不足以嗣之，于臣侈矣。且小人近市，朝夕得所求，小人之利也，敢烦里旅[③]？"公笑曰："子近市，识贵贱乎？"对曰："既利之，敢不识乎？"公曰："何贵何贱？"于是[④]景公繁于刑，有鬻踊[⑤]者，故对曰："踊贵，履贱。"既已告于君，故与叔向语而称之。景公为是省于刑。

君子曰："仁人之言，其利博哉！晏子一言，而齐侯省刑。《诗》曰：'君子如祉，乱庶遄已[⑥]。'其[⑦]是之谓乎？"

及晏子如晋，公更其宅。反，则成矣。既拜[⑧]，乃毁之，而为里室，皆如其旧[⑨]，则使宅人反之，曰："谚曰：'非宅是卜，唯邻是卜。'二三子[⑩]先卜邻矣。违卜不祥。君子不犯非礼，小人不犯不祥，古之制也。吾敢违诸[⑪]乎？"卒复其旧宅，公弗许，因陈桓子以请[⑫]，乃许之。

——《左传·昭公三年》

齐人有冯谖者（节选）

齐人冯谖，是个底层士人，寄食在孟尝君门下。但他善于捕捉时机，施展才华。同时能够深谋远虑，真正为主公出谋划策。成语"狡兔三窟"就出自这里。

---

①湫（jiǎo）隘嚣尘：地势低洼，狭小，喧嚣，尘土多。　②爽垲（kǎi）：宽敞明亮。爽，明亮。垲，地势高而干燥的地方。　③里旅：掌管卿大夫住宅的官。　④于是：在这个时期。　⑤踊：被施加刖刑（即砍去脚）的人所用的假肢。晏子借此暗示齐国的刑罚过于严苛繁密。　⑥"《诗》曰"两句：见《诗经·小雅·巧言》。祉（zhǐ）：喜悦。遄（chuán）：迅速。已：停止。　⑦其：表揣测语气的副词。⑧既拜：指向齐景公拜谢之后。　⑨这两句话的意思是：将之前为给他扩建住宅而拆除的周边房屋都恢复原状。　⑩二三子：几个人，这里指他的这些邻居。　⑪诸：相当于代词"之"。　⑫因：通过。陈桓子：齐国大夫。

（冯谖）驱而之薛①，使吏召诸民当偿者悉来合券②。券遍合，起矫命③，以责赐诸民，因烧其券，民称万岁。

长驱到齐，晨而求见。孟尝君怪其疾也④，衣冠⑤而见之，曰："责毕收乎？来何疾也！"曰："收毕矣。""以何市而反⑥？"冯谖曰："君云'视吾家所寡有者⑦'。臣窃计，君宫中积珍宝，狗马实外厩，美人充下陈⑧。君家所寡有者以义耳！窃以为君市义⑨。"孟尝君曰："市义奈何？"曰："今君有区区⑩之薛，不拊爱子其民⑪，因而贾利⑫之。臣窃矫君命，以责赐诸⑬民，因烧其券，民称万岁。乃臣所以为君市义也。"孟尝君不说⑭，曰："诺，先生休矣！"

后期年⑮，齐王谓孟尝君曰："寡人不敢以先王之臣为臣⑯。"孟尝君就国于薛，未至百里，民扶老携幼，迎君道中。孟尝君顾谓冯谖："先生所为文⑰市义者，乃今日见之。"冯谖曰："狡兔有三窟，仅得免其死耳。今君有一窟，未得高枕⑱而卧也。请为君复凿二窟。"孟尝君予车五十乘，金五百斤，西游于梁⑲，谓惠王曰："齐放其大臣孟尝君于诸侯，诸侯先迎之者，富而兵强。"于是，梁王

①薛：薛邑，孟尝君的封地，也是其重要据点。　②合券：古代债务记录保存两份，一份在债主处，叫做"责"，其实就是"债"；一份在借者处，合在一处作为债务关系的凭证。现在冯谖的行为等于将债主的一份交出销毁，相当于放弃追索。　③矫命：假传孟尝君的命令。　④这句话的意思是：孟尝君对他这么快就回来复命感到很奇怪。怪，形容词活用为动词，特殊的动宾关系意动用法，认为……是奇怪的。　⑤衣冠：本义是衣服和帽子，这里是名词活用为动词，穿戴好衣帽。　⑥以何市而反：正常的语序应该是"以（之）市何而反"，拿这些钱换购了什么回来。市，这里作动词，购买。反，同"返"，返回。　⑦这句话的意思是：孟尝君让冯谖去购买我家缺少的东西。　⑧下陈：堂下的庭院。　⑨这两句话的意思是：您这里缺少的是义啊，我私自为您将义买来了。　⑩区区：很小、很少的样子。　⑪拊爱：抚慰，爱护。子其民：像对待孩子一样对待百姓。　⑫贾（gǔ）利：用做生意的方法来谋利。　⑬诸：兼词，相当于"之于"。　⑭说：同"悦"，高兴。　⑮期（jī）年：满一年。　⑯这句话的意思是：我不敢把先王的大臣作为自己的大臣，这是要驱逐孟尝君的委婉说法。　⑰文：孟尝君叫田文，文是他的名，自称时使用。　⑱高枕：所谓高枕无忧，是古人的习语，因此"高枕"就是放心的意思。　⑲梁：战国前期的强国魏国，因迁都大梁，故也称梁。

虚上位①，以故相为上将军，遣使者，黄金千斤，车百乘，往聘②孟尝君。冯谖先驱诫孟尝君曰："千金，重币也；百乘，显使也。齐其③闻之矣。"梁使三反④，孟尝君固辞不往也。齐王闻之，君臣恐惧，遣太傅赍⑤黄金千斤，文车二驷，服剑⑥一，封书谢⑦孟尝君曰："寡人不祥⑧，被于宗庙之祟⑨，沉于谄谀之臣⑩，开罪于君，寡人不足为也。愿君顾先王之宗庙，姑反国统万人乎⑪？"冯谖诫孟尝君曰："愿请先王之祭器，立宗庙于薛。"庙成，还报孟尝君曰："三窟⑫已就，君姑高枕为乐矣。"

孟尝君为相数十年，无纤介之祸⑬者，冯谖之计也。

——《战国策·齐策四》

梁王魏婴觞诸侯于范台⑭

中国人向来强调见微知著、居安思危，对于一切容易导致欲望失控的事物都持一种警戒态度。这篇文章中鲁君引述上古历史要表达的就是这一观点。还有值得注意的是，在宴会场合发表的"择言"，颇具文学体裁中所谓"辞"的特点，或许与辞赋的起源有一定关联。

梁王魏婴觞诸侯于范台。酒酣，请鲁君举觞。鲁君兴，避席

---

①虚上位：指将国相的位置空出来。 ②聘：迎请。 ③其：表揣测语气的副词。 ④反：同"返"，这里的意思是使者三度前往延请。 ⑤赍（jī）：带着（财物）送人。 ⑥服剑：即佩剑。 ⑦谢：向……谢罪。 ⑧不祥：不好。祥，善，好。 ⑨这句话的意思是：遭到神灵降下的灾祸。被，遭受。 ⑩这句话的意思是：被进谗言的大臣蒙蔽。 ⑪这句话的意思是：暂且回来治理国家吧。 ⑫三窟：第一窟是封地薛邑百姓的拥戴，第二窟是魏国想让孟尝君担任国相，第三窟是在薛邑建立了齐国宗庙。 ⑬纤介之祸：形容很轻微的威胁和损害。"介"通"芥"，纤丝与芥菜子，都是极微小的东西。 ⑭梁王魏婴：即魏惠王。这件事发生在公元前356年。觞：酒杯，这里名词活用作动词，行酒、宴请。范台：在今河北省石家庄栾城区。

择言曰①："昔者，帝女令仪狄作酒而美，进之禹，禹饮而甘之，遂疏仪狄，绝②旨酒，曰：'后世必有以酒亡其国者。'齐桓公夜半不嗛③，易牙乃煎敖燔炙④，和调五味而进之，桓公食之而饱，至旦不觉，曰：'后世必有以味亡其国者。'晋文公得南之威⑤，三日不听朝，遂推南之威而远之，曰：'后世必有以色亡其国者。'楚王登强台而望崩山⑥，左江而右湖，以临彷徨，其乐忘死，遂盟⑦强台而弗登，曰：'后世必有以高台陂池⑧亡其国者。'今主君之尊⑨，仪狄之酒也；主君之味，易牙之调也；左白台而右闾须⑩，南威之美也；前夹林而后兰台⑪，强台之乐也。有一于此，足以亡其国。今主君兼此四者，可无戒与⑫！"梁王称善相属⑬。

——《战国策·魏策二》

---

①避席：即站起身，离开座席，表示严肃恭敬。择言：特指选择那些劝善的嘉言。 ②绝：杜绝。 ③不嗛（qiè）：不满足。 ④易牙：齐桓公的宠臣，善于烹调。煎敖燔炙：四种烹调的方式。敖，同"熬"。燔和炙都是烧烤的意思。 ⑤南之威：即南威，一位古代美女的名字。 ⑥强台：即章华台。崩山：可能就是巫山。 ⑦盟：发誓。 ⑧陂（bēi）池：池塘。 ⑨尊：同"樽"，酒樽，即酒杯。 ⑩白台、闾须：都是美女的名字。 ⑪夹林、兰台：都是魏王游览的地方。 ⑫这句话的意思是：难道可以不加以警觉吗？ ⑬相属（zhǔ）：与诸位在座的国君举杯（表示希望大家听从鲁君的善言）。

文史知识

春秋笔法

长期以来，人们相信，五经之中，孔子与《春秋》的关系最为紧密，因为其它几部经典在孔子之前就已经形成，孔子主要只是进行了编辑而已，即孔子自己所说的"述而不作"。但《春秋》就有所不同，据说孔子花费了大量精力独立编写了这部措辞简略、以鲁国为第一视角记录的春秋时期编年史。在这个过程中，他的弟子无法为他提供帮助，甚至每一个字的使用都是孔子经过慎重考虑并有深远含义的。因此，当孔子向弟子传授这部经典的时候，就预言将来的人会以此来评定他的得失。历代孔子的信徒都愿意相信，《春秋》的措辞包含了极大的神秘性，因为它将孔子以周礼为主要依据的历史道德标准融入其中。虽然表面看来是客观记录当时发生的事实，但却包含了孔子的褒贬。而这种褒贬因为具有上述的标准以及孔子特殊的历史地位而具备超越时代的合法性和历史权威，使得当时那些普遍对历史地位无比看重的不安分者乃至政治秩序的破坏者深感恐惧——当然这种恐惧很有可能出自儒家政治理想主义者的想象。

在这方面，最著名的例子莫过于《春秋》记录的第一件事"郑伯克段于鄢"[①]，《左传》针对这一句话做了如下解释："段不弟（tì），故不言弟；如二君，故曰克；称郑伯，讥失教也；谓之郑志。不言出奔，难之也。"初看起来，不过是对具体字句的阐释，但古人认为其中包含了儒家伦理，即作为弟弟的段不应该对兄长不敬，而作为哥哥的

---

①这个故事的大意是：具有合法继承权的郑伯与受到其生母溺爱的亲弟弟段之间关系微妙，郑伯明知他的母亲有意促使段夺取权力，但故意放纵其行为，最终导致段武装谋反，而他立即出兵在鄢地将其击败。

郑伯也没有起到教导弟弟的责任，同样应该受到谴责，因此称"段"而不称"弟段"，称"郑伯"而不称"郑"，这种称谓本身暗示了对人物及其行为的伦理道德判断。这样，一段客观的历史记录就带有了实录、评价、警戒、教化等多方面的作用，这就是为后世史学称道的"春秋笔法"。

从实际情况来看，《春秋》应该就是鲁国档案保存的时事记录资料的删节汇编本，即使孔子确实亲自参与成书，那也只能是做编辑工作。但人们更愿意相信，即使在这种编辑工作中，也暗含了孔子对于历史的主观态度，并且对原始资料作了精心修订，希望给后世以启发乃至法则。这种美好的希望让后人投入了大量热情去进行解读，希望找到其中的奥秘所在。但如果《春秋》真的就是一部资料缩编，那些所谓的"微言大义"又该如何存在呢？古人已经做了大量归纳工作，想找到《春秋》中的所谓褒贬规则，却始终没有一个让人满意的结果。而且不少据说采用了"春秋笔法"写成的历史作品，也许并不能为我们保存真实，反而因为某些原因产生了遮蔽和有意无意的遗忘与误会①。也许，这是儒生希望通过历史叙述和文字记载影响政治、掌握解释历史之话语权的一种努力吧，它有它的历史意义，但也必须予以澄清。就如《左传》研究大家杨伯峻先生所言："《春秋》和孔丘有关，仅仅因为孔丘用过《鲁春秋》教授过弟子。"②我们应该相信，《春秋》实在应该与其它四经一样是一种历史文献。

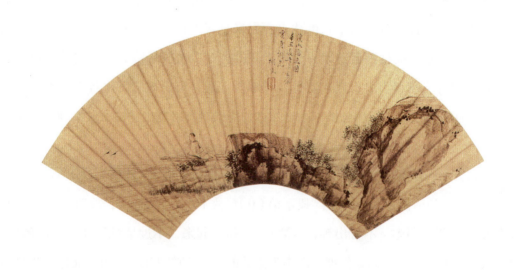

————————————

① 这方面如北宋欧阳修主持重写的《新五代史》。
② 杨伯峻：《春秋左传注（修订本）》，中华书局，2009年，第16页。

思考与练习

1. 为什么争天下"在德不在鼎"?

2. 二战时的英国首相丘吉尔说过:"国与国之间,没有永远的敌人,也没有永远的朋友,只有永远的利益。"你认为有道理吗?你认为应当如此吗?有什么更好的国与国之间关系的新模式?与同学交流你的看法。

3. 有人说,对敌人的慈悲,就是对自己的残酷,你怎么看?

4. 子产认为乡校可以为百姓论政提供场所和机制,孔子对此很欣赏;但孔子也说过"民可使由之,不可使知之",如何解释这两者间的矛盾?你认为在现代社会中,"乡校"的存在方式有了怎样的变化,其功能又如何?

5. 你对齐景公的"拆迁"怎么看?有人说,晏子"复其旧宅"是"作秀",对此你怎么看?

6. 有人曾批评孟尝君养的食客,尽是"鸡鸣狗盗之徒",没什么学问本事,读了冯谖的故事,你认为这种评价是否中肯?冯谖的举动看起来很像是儒家提倡的重义轻利,但他对孟尝君的谈话中却屡次用了"市"这个词,你认为这其中暗示着什么?

7. 纵欲贪乐,君王可以亡其国,大夫可以亡其家,士可以亡其身,与同学分工协作,搜集十条以上历史典故加以证明。

第二单元

浩然之气，充满天地
——《孟子》

单元导读

　　如果有人问：你会说话吗？你肯定不高兴，心里嘀咕：啥意思，我又不是哑巴！如果再问：你说话得体吗？你就要好好想一想了。如果再进一步问：参加主题辩论会当辩手，你行吗？这大概就无法回答了。

　　其实，实践长本事，只要口齿清楚，有思想，有激情，经过一定的训练，人人都可参与辩论，甚至当个出色的辩手。

　　孟子就是古往今来公认的大辩论家，他继承孔子的学说，根据战国时代的实际状况，发扬儒家思想，张扬仁义旗帜，参与了百家争鸣的大辩论。

　　他有许多学生和粉丝跟着，还受到大大小小的国君的礼遇。这些国君不时地向他请教，甚至尊以客卿之位，让他参议国政。

　　他要以仁义说服国君行仁政，要跟其他学派的人亮剑，驳倒对方，非据理力争、辩个清楚明白不可！所以，孟子到处跟人辩论，非常出名了。他自己曾十分感慨地对弟子们说，我哪里是喜欢跟人辩论呢，我是不得已啊！然而，他那了不起的辩才，正是这样的"不得已"锻炼出来的。

　　宋代大文豪、唐宋八大家之一的苏轼，诗词豪放，文章雄辩，有人说，这是得力于《孟子》，不过，只学得了《孟子》一只角！不知道这评价是赞扬他，还是揶揄他？

　　你读了《孟子》，细细体味、琢磨之后，肯定会提高你对辩论的认识，也增长你的辩才，并且读起苏东坡先生的诗文来，也许会别有一番感受了。

　　孟子，名轲。邹（今山东邹城东南）人，战国时期的思想家、政治家、教育家，是子思（孔子之孙）门人的弟子。他主张人心本善，极富同情心、怜悯心、责任心，具有良知良能，把做人、做学问，归结为重视环境影响，找回散失本心的心性修养过程。这不仅为孔子的"仁"补充了依据，还发展成"仁政"学说，阐述了民本思想。孟子历游齐、宋、滕、魏等国，竭力鼓吹仁义道德，虽然当时收效甚微，对后世却影响极大，因而被认为是孔子学说的继承者，被尊为"亚圣"。

《孟子》，是孟子因主张不见用，晚年与弟子万章等著书立说的成果；也有说是孟子的弟子和再传弟子整理的记录。

选文部分

王何必曰利

战国时代，各国唯利是图，诡计多端，征伐不断，民不聊生。孟子对此深恶痛绝。见梁惠王时，用"仁义"对应"利"，并推论出"上下交征利而国危矣"的严重后果。

孟子见梁惠王①。王曰："叟②！不远千里而来，亦将有以利吾国乎③？"

孟子对曰："王！何必曰利？亦④有仁义而已矣。王曰：'何以利吾国？'大夫曰：'何以利吾家？'士庶人⑤曰：'何以利吾身？'上下交征利而国危矣⑥。万乘之国⑦，弑⑧其君者，必千乘之家⑨；千乘

---

①梁惠王：就是魏惠王，详见上一单元注释。　②叟：老人。　③这句话的意思是：（您）大概有对我国有利的办法吧？有以，"有所以"的省略，有……的方法。　④亦：此处是"只"的意思。　⑤士庶人：士和庶人。士是最底层贵族，庶人即百姓。　⑥这句话的意思是：一国上下都争相追逐属于自己的利益，那么这一国就危险了。征，取。　⑦万乘（shèng）之国：古代以兵车数量来描述一国大小，一辆兵车称一乘。战国时期，万乘之国即通常所谓战国七雄，千乘之国是宋、卫、中山及东周、西周。　⑧弑：指臣子杀死君主或子女杀死父母。　⑨千乘之家：千乘之家的"家"，是指拥有封邑的公卿大夫。公卿封邑大，有兵车千乘；大夫封邑小，有兵车百乘。

之国，弑其君者，必百乘之家。万取千焉，千取百焉，不为不多矣①。苟为后义而先利，不夺不餍②。未有仁而遗③其亲者也，未有义而后其君者也。王亦曰仁义而已矣，何必曰利？"

——《梁惠王上》

天下恶乎定

梁惠王对孟子是尊重的，孟子的论辩是有说服力的，但惠王不久就去世了，继位的梁襄王不成器，孟子很失望。尽管如此，孟子还是以仁政思想开导他，可惜襄王没听进去，孟子只好离开。

孟子见梁襄王④，出，语⑤人曰："望之不似人君，就之而不见所畏焉⑥。卒然⑦问曰：'天下恶乎定⑧？'

"吾对曰：'定于一。'

"'孰能一之？'

"对曰：'不嗜杀人者能一之。'

"'孰能与⑨之？'

"对曰：'天下莫不与也。王知夫苗乎？七八月⑩之间旱，则苗槁矣。天油然⑪作云，沛然⑫下雨，则苗浡然兴之矣⑬。其⑭如是，

①这三句话的意思是：万乘之国的大夫有千乘，千乘之国的大夫则有百乘，他们的实力不能说不强大啊。　②餍（yàn）：满足。　③遗：遗弃。　④梁襄王：梁惠王的儿子。　⑤语（yù）：作动词使用，对……说。　⑥这句话的意思是：接近他也没有看到使人敬畏的地方。　⑦卒然：突然。卒，同"猝"（cù），突然。　⑧这句话的意思是：天下怎样才能安定？恶（wū），疑问副词，怎样。乎，语气助词。　⑨与：跟随，帮助。　⑩七八月：孟子这里所说的是周代国家历法，比通行的夏历早两个月，因此这里的七八月就是夏历的五六月，正是禾苗需要雨水之时。　⑪油然：描述云气上升的样子。　⑫沛然：雨势很大的样子。　⑬浡然：兴起的样子。兴：起。之：音节助词。　⑭其：表反问语气的副词。

孰能御之？今夫天下之人牧^①，未有不嗜杀人者也。如有不嗜杀人者，则天下之民皆引领^②而望之矣。诚如是也，民归之，由^③水之就下，沛然谁能御之？'"

——《梁惠王上》

天下可运于掌

孟子倡导的仁政，是以德治国，体恤百姓，不是杀人争城，以力服人。其中尊老爱幼是明显的社会道德标志，而使百姓安居乐业，又是社会道德的必要基础。

（孟子曰：）"老吾老^④，以及人之老；幼吾幼，以及人之幼。天下可运于掌。《诗》云：'刑于寡妻，至于兄弟，以御于家邦^⑤。'言举斯心^⑥加诸彼而已。故推恩足以保四海，不推恩无以保妻子^⑦。古之人所以大过人者，无他焉，善推其

---

①人牧：国君。"牧"由牧牛、牧羊的意义引申而来。　②引领：伸长脖子，这里是指非常期待的样子。　③由：同"犹"，如同。　④老吾老：前一个"老"是形容词活用为动词，尊老；后一个"老"是名词，老人。下面的"幼吾幼"与此相同。　⑤《诗》云"三句：见《诗经·大雅·思齐》。刑：同"型"，示范。寡妻：嫡妻，也就是正妻。家邦：大夫的采邑，诸侯的封国。这三句的意思是：要先给自己的妻子做榜样，再推及自己的兄弟，最后延展到整个封地。　⑥斯心：即指推己及人之心。　⑦妻子：妻与子，指妻子和儿女。

所为而已矣。今恩足以及禽兽，而功不至于百姓者，独何与？权，然后知轻重；度，然后知长短。物皆然，心为甚。王请度之！"

……

（孟子）曰："无恒产而有恒心者，惟士为能。若民，则无恒产，因无恒心。苟无恒心，放辟邪侈，无不为已。及陷于罪，然后从而刑之，是罔①民也。焉有仁人在位罔民而可为也？是故明君制民之产②，必使仰③足以事父母，俯足以畜④妻子，乐岁终身饱⑤，凶年免于死亡；然后驱而之善，故民之从之也轻⑥。

"今也制民之产，仰不足以事父母，俯不足以畜妻子；乐岁终身苦，凶年不免于死亡。此惟救死而恐不赡⑦，奚暇治礼义哉⑧？

"王欲行之，则盍反其本矣⑨：五亩之宅，树之以桑，五十者可以衣帛矣。鸡豚狗彘之畜，无失其时，七十者可以食肉矣。百亩之田，勿夺其时，八口之家可以无饥矣。谨庠序之教，申之以孝悌之义，颁白者⑩不负戴于道路矣。老者衣帛食肉，黎民不饥不寒，然而不王者，未之有也。"

——《梁惠王上》

---

①罔：同"网（網）"，名词活用为动词，像张网捕猎那样引诱人犯罪。　②制民之产：规定百姓的产业。　③仰：对上。下句的"俯"既对下。　④畜：养。　⑤这句话的意思是：遇到丰收的年份能够丰衣足食。下句的"凶年"，指的是歉收的年份。　⑥这两句话的意思是：这样以后引导百姓去往良善的道路，要百姓乐意跟随也就变得容易了。前一句的"之"，动词，去，往；后一句的"之"，结构助词，取消句子独立性。也，句中表停顿的语气词。　⑦赡（shàn）：本义是供给，这里引申为足够。不赡，就是来不及的意思。　⑧这句话的意思是：（此时恐怕单单救灾还怕来不及）哪里还有空闲让百姓去学习礼义呢？　⑨这两句话的意思是：如果大王您想施行仁政，为什么不回到根本问题上来呢？盍，兼词，相当于"何不"。反，同"返"，回到。　⑩颁白者：指老人。颁白，同"斑白"，（头发）花白。

与民同乐

孟子为了推行仁政，善于抓住任何机会，发掘对方的积极因素，去转化消极因素。这次要说服齐宣王把个人的享乐，转向与百姓同乐，当然很不容易。

庄暴①见孟子，曰："暴见于王②，王语暴以好乐③，暴未有以对也。"曰："好乐何如？"

孟子曰："王之好乐甚，则齐国其庶几④乎！"

他日，见于王曰："王尝语庄子以好乐，有诸⑤？"

王变乎色⑥，曰："寡人非能好先王之乐也，直⑦好世俗之乐耳。"

曰："王之好乐甚，则齐其庶几乎！今之乐由⑧古之乐也。"

曰："可得闻与？"

曰："独乐乐⑨，与人乐乐，孰乐？"

曰："不若与人。"

曰："与少乐乐，与众乐乐，孰乐？"

曰："不若与众。"

"臣请为王言乐。今王鼓乐于此，百姓闻王钟鼓之声，管籥之

①庄暴：人名，即下文提到的庄子，与老庄并称的庄子不是一人。　②见于王：被齐宣王召见。③乐（yuè）：音乐。古代认为音乐是道德感情的心声，也是回归天地万物和谐境界的途径。　④庶几：差不多。这里指差不多治理好了，有希望了。　⑤诸：兼词，相当于"之乎"。这句话的意思是：大王曾与庄子说起过自己喜好音乐，有这样的事情吗？　⑥变乎色：改变了脸色。　⑦直：只，不过、仅仅。　⑧由：同"犹"，如同。　⑨这句话的意思是：独自一人欣赏音乐而感到快乐。前一个"乐（yuè）"，名词，指音乐；后一个"乐（lè）"，动词，快乐。这里为了强调而使用了宾语前置，以下几句具有类似的特点。

音①，举疾首蹙頞而相告曰②：'吾王之好鼓乐③，夫何使我至于此极④也？父子不相见，兄弟妻子离散。'今王田猎⑤于此，百姓闻王车马之音，见羽旄⑥之美，举疾首蹙頞而相告曰：'吾王之好田猎，夫何使我至于此极也？父子不相见，兄弟妻子离散。'此无他，不与民同乐也。今王鼓乐于此，百姓闻王钟鼓之声，管籥之音，举欣欣然有喜色而相告曰：'吾王庶几无疾病与，何以能鼓乐也？'今王田猎于此，百姓闻王车马之音，见羽旄之美，举欣欣然有喜色而相告曰：'吾王庶几无疾病与，何以能田猎也？'此无他，与民同乐也。今王与百姓同乐，则王⑦矣。"

——《梁惠王下》

人皆有不忍人之心

> 人之初，性本善，是孟子首先阐发，后来被发扬光大的。其理论基础就是"不忍人之心"。人同此心，心同此理，国君行仁政，百姓欢迎仁政，也就顺理成章。

孟子曰："人皆有不忍人之心⑧。先王有不忍人之心，斯有不忍人之政矣。以不忍人之心，行不忍人之政，治天下可运之掌上。所以谓人皆有不忍人之心者，今人乍⑨见孺子将入于井，皆有怵惕恻

---

①钟鼓之声，管籥（yuè）之音：这里泛指音乐。籥，古代的一种管乐器。　②举：表示范围的副词，都。疾首蹙頞（cù è）：愁眉苦脸的样子。疾首，头痛。蹙，紧缩。頞，鼻梁。　③鼓乐：演奏乐曲。　④极：极点，这里指疲敝。　⑤田猎：在野外打猎，一般在农事结束期间才进行。　⑥羽旄（máo）：这里指国君出行时的仪仗。　⑦王（wàng）：名词活用为动词，（能够）称王。　⑧不忍人之心：与生俱来的怜悯他人的心。　⑨乍：突然。

隐①之心——非所以内交②于孺子之父母也，非所以要誉③于乡党朋友也，非恶④其声而然也。由是观之，无恻隐之心，非人也；无羞恶之心，非人也；无辞让之心，非人也；无是非之心，

非人也。恻隐之心，仁之端⑤也；羞恶之心，义之端也；辞让之心，礼之端也；是非之心，智之端也。人之有是四端也，犹其有四体也。有是四端而自谓不能者，自贼⑥者也；谓其君不能者，贼其君者也。凡有四端于我⑦者，知皆扩而充之矣⑧，若火之始然⑨，泉之始达⑩。苟能充之，足以保四海；苟不充之，不足以事父母。"

——《公孙丑上》

此之谓大丈夫

纵横家玩的是权力游戏和战争游戏，其个人目的是获取功名利禄，因而也就不择手段，哪管百姓的死活？这跟孟子主张的"仁政"是完全对立的，当然要遭到孟子的严厉驳斥。

---

①怵惕（chù tì）：同义复词，惊讶恐惧。恻隐：同义复词，哀痛。　②内（nà）交：结交。内，同"纳"。　③要（yāo）誉：求得声誉。要，同"邀"，求。　④恶（wù）：厌恶。　⑤端：萌芽，开端。　⑥自贼：自暴自弃。　⑦我：这里是"自己"的意思。　⑧这句话的意思是：（如果）知道将他们都扩大充满起来。　⑨然：同"燃"，燃烧。　⑩达：流出。

景春①曰："公孙衍、张仪岂不诚大丈夫哉②？一怒而诸侯惧，安居而天下熄③。"

孟子曰："是焉得为大丈夫乎？子未学礼乎？丈夫之冠也，父命之④；女子之嫁也，母命之，往送之门，戒之曰：'往之女⑤家，必敬必戒，无违夫子⑥。'以顺为正者，妾妇之道也。居天下之广居⑦，立天下之正位⑧，行天下之大道⑨；得志，与民由⑩之；不得志，独行其道。富贵不能淫，贫贱不能移，威武不能屈⑪，此之谓大丈夫。"

——《滕文公下》

人皆可以为尧舜

尧舜是做人的典范，而孟子一再强调做人要向尧舜看齐。这当然是从人性本善出发的。其可贵之处在于这并不是高不可攀的，只要去掉自卑，努力进取，身体力行即可。

曹交⑫问曰："人皆可以为尧舜，有诸⑬？"

孟子曰："然。"

①景春：他是与孟子同时代的人，属于纵横家。　②公孙衍：魏国人犀首，著名的说客，曾经担任五个诸侯国的相。张仪：也是魏国人，用连横的策略游说各国服从秦国的霸权。对话发生时，这二人最为风光，有人推测这里没有谈到苏秦是因为他其时已经去世。　③这句话的意思是：他们只需安居就能靠口才使天下的战火平息。　④这句话的意思是：男子在二十岁举行冠礼时，他的父亲要对他加以训导。　⑤女：同"汝"，你的。　⑥夫子：这里指丈夫。　⑦广居：大居所，这里比喻仁。　⑧正位：正确的位置，用以比喻礼。　⑨大道：大路，用来比喻义。　⑩由：遵循。　⑪这三句话的意思是：富贵不能扰乱我的心，贫贱不能改变我的志向，威权不能使我气节屈服。　⑫曹交：有人认为是曹国国君的弟弟，名交。但孟子的时代曹国已经被灭亡，所以也不确切。　⑬诸：兼词，相当于"之乎"。

"交闻文王十尺①，汤九尺，今交九尺四寸以长，食粟而已，如何则可？"

曰："奚有于是②？亦为之而已矣。有人于此，力不能胜一匹雏③，则为无力人矣；今曰举百钧，则为有力人矣。然则举乌获④之任，是亦为乌获而已矣⑤。夫人岂以不胜为患哉⑥？弗为耳。徐行后长者谓之弟⑦，疾行先长者谓之不弟。夫徐行者，岂人所不能哉？所不为也。尧舜之道，孝弟而已矣。子服尧之服，诵尧之言，行尧之行，是尧而已矣。子服桀之服，诵桀之言，行桀之行，是桀而已矣。"

曰："交得见于邹君⑧，可以假馆⑨，愿留而受业于门。"

曰："夫道若大路然，岂难知哉？人病不求耳。子归而求之，有余师⑩。"

——《告子下》

尊德乐义

战国，是一个百家争鸣的时代，游说盛行。纵横家游说有他们的成功，但他们都是巧言令色之徒，不足为范。孟子是雄辩家，属游说者中的佼佼者。但他是真正的大丈夫，遵循尊德乐义的原则，不论成功与失败，都能保持尊严与从容。

①尺：战国时代的"尺"是小尺，大约为十八厘米。 ②奚有于是：正常的语序是"于是有奚"，意思是这又有什么关系呢？ ③一匹雏：一只小鸡。"匹"作为量词在上古时期可以搭配马等动物，也可以搭配人，与现在的使用习惯不同。 ④乌获：古代传说中的力士。 ⑤这句话的意思是：既然这样，那么凡能够举起乌获能胜任东西的人本身也就成为乌获了。 ⑥这句话的意思是：人们难道会担忧不能胜任吗？ ⑦这句话的意思是：慢慢走，走在老年人的后面，叫作"弟"。弟，通"悌"。 ⑧邹君：邹国的国君。孟子是邹人。 ⑨假馆：借一个住处。假，借。 ⑩这段话的意思是：道就像大路一样，并不难以了解。就怕人自己不去追求罢了。你回去自己寻求，其实老师有很多。

孟子谓宋勾践①曰："子好游②乎？吾语子游。人知之，亦嚣嚣③；人不知，亦嚣嚣。"

曰："何如斯可以嚣嚣矣？"

曰："尊德乐义④，则可以嚣嚣矣。故士穷不失义，达不离道。穷不失义，故士得己⑤焉；达不离道，故民不失望焉⑥。古之人，得志，泽加于民；不得志，修身见于世⑦。穷则独善其身，达则兼善天下⑧。"

——《尽心上》

君子有三乐

作为君子，除了以天下为己任的政治追求，他还有自己的生活乐趣；而孟子这种"三乐"之趣，正是高尚的道德情操表现，来自孝、悌、仁、爱。

孟子曰："君子有三乐，而王天下不与存焉⑨。父母俱存，兄弟无故⑩，一乐也；仰不愧于天，俯不怍⑪于人，二乐也；得天下英才而教育之，三乐也。君子有三乐，而王天下不与存焉。"

——《尽心上》

---

①宋勾践：姓宋，名勾践，事迹不详。　②游：游说（shuì）。　③嚣嚣（xiāo xiāo）：自得其乐、无欲无求的样子。嚣，同"傲"。　④这句话的意思是：尊崇道德，追求正义。　⑤得己：自得。　⑥这句话的意思是：得意的时候不违背道，所以百姓不会失望。　⑦这句话的意思是：不得志的时候，修养自身的品德，向外界显现。见，同"现"，显现。　⑧这两句话的意思是：士人困窘的时候就修养一己之道德，在显达得志的时候（于修养品性之外）再帮助天下苍生。　⑨这两句话的意思是：君子有三种乐趣，但是以王道赢取天下并不在其中。　⑩故：指灾患、丧病这一类事故。　⑪怍（zuò）：惭愧。

登东山而小鲁

去登山远眺，去看海踏浪，陶醉在大自然的美景中，有什么触动你的心灵吗？旅行，不仅给我们带来快乐，而且会给我们以人生的感悟。

孟子曰："孔子登东山[①]而小鲁，登泰山而小天下。故观于海者难为水，游于圣人之门者难为言[②]。观水有术，必观其澜[③]。日月有明，容光[④]必照焉。流水之为物也，不盈科不行；君子之志于道也，不成章[⑤]不达。"

——《尽心上》

君子之所以教者五

年龄、天资、兴趣、特长，因人而异，即使是英才，也得因材施教。循循善诱的老师，善于发现学生可教之处，把握施教之时，因势利导，培养各种各样的人成才。

---

①东山：蒙山，在今山东蒙阴县南。　②这两句话的意思是：所以看到过大海的人很难被其他水打动，在圣人的门下学习过的人很难被其它言论观念说服。　③澜：浪涛。　④容光：能容纳光线的缝隙。　⑤成章：音乐的一个段落终止叫作"一章"，这里指人达到一定成就和境界。

孟子曰："君子之所以教者五①：有如时雨化之者，有成德者，有达财②者，有答问者，有私淑艾者③。此五者，君子之所以教也。"

——《尽心上》

能与人规矩，不能使人巧

　　一个人能碰上好老师，当然会受益匪浅。但是，好老师教出来的学生，也是参差不齐的。这种教育现象，从古到今，一直存在，发人深思啊！

孟子曰："梓匠轮舆能与人规矩④，不能使人巧⑤。"

——《尽心下》

民为贵，社稷次之，君为轻

　　据说，明太祖朱元璋读了孟子这段话，龙颜大怒，不仅下旨把它删了，而且取消孟子的"亚圣"资格，逐出孔庙。可见，孟子的民贵君轻思想，对封建王朝的震撼有多大！

①这句话的意思是：君子对他人施加教化影响的方式有五种。　②财：同"材"，才能。　③这句话的意思是：君子由于有所成就而能够吸引后人自己私下向其学习。私，私自。淑和艾（yì）都是拾取的意思。　④梓、匠、轮、舆：梓人造器具，匠人造房屋，轮人造船，舆人造车。规矩：校正圆形和方形的两种工具，这里指代学问的方法、准则等。　⑤这句话的潜在含义是：真正的技巧需要自己去寻求。

孟子曰："民为贵，社稷①次之，君为轻。是故得乎丘民②而为天子，得乎天子为诸侯，得乎诸侯为大夫。诸侯危社稷，则变置③。牺牲④既成，粢盛既絜⑤，祭祀以时，然而旱干水溢，则变置社稷。"

——《尽心下》

茅 塞

> 路无人走，时间久了就会被荒草吞噬，这是我们生活中经常看到的场景；而人内心的善良，倘若被外界蒙蔽已久，也会逐渐沦丧，这恐怕不是每个人都能体会到的。

孟子谓高子⑥曰："山径之蹊⑦，间介然⑧用之而成路；为间⑨不用，则茅塞之矣。今茅塞子之心矣。"

——《尽心下》

宝珠玉者，殃必及身

> 一个人立身社会，不管处于什么地位，都应尽自己的责任。这是为人之正道。但是，有些人却走向邪道，其中，最富诱惑力而使人堕落的莫过于贪财。

---

①社稷：土神和谷神，这里代指国家。　②丘民：百姓。丘，众多。　③变置：改立。　④牺牲：祭祀用的牛、羊、猪等祭品。　⑤粢盛（zī chéng）：盛在祭器中的黍稷。絜：通"洁（潔）"。　⑥高子：齐国人，孟子的弟子。　⑦径：山坡。蹊：小路。　⑧间介然：专心致志的样子，这里是经常的意思。　⑨为间：与"有间"同义，不久。

孟子曰："诸侯之宝三：土地、人民、政事。宝①珠玉者，殃必及身。"

——《尽心下》

狂者、狷者、乡原

　　读书做人是我们必经的道路，反过来，识人识己也是一件极具挑战性的事情。一个以天下为己任的担当者，任重而道远，需要识人，既反思自己，也教育他人。

　　万章问曰："孔子在陈曰：'盍归乎来！吾党之小子狂简，进取，不忘其初。'②孔子在陈，何③思鲁之狂士？"

　　孟子曰："孔子'不得中道而与之，必也狂狷乎！狂者进取，狷者有所不为也'④。孔子岂不欲中道哉？不可必得，故思其次也⑤。"

　　"敢问何如斯可谓狂矣？"

　　曰："如琴张、曾皙、牧皮者⑥，孔子之所谓狂矣。"

　　"何以谓之狂也？"

　　曰："其志嘐嘐⑦然，曰：'古之人，古之人。'夷⑧考其行，而不

---

①宝：名词活用为动词，特殊的动宾关系意动用法，把……作为宝。　　②这句话的意思是：何不回去呢？我的子弟志大而狂放，进取而不忘本。《论语·公冶长》："子在陈曰：'归与归与！吾党之小子狂简，斐然成章，不知所以裁之。'"与这里引用的略有不同。　　③何：疑问代词，为什么。　　④《论语·子路》："不得中行而与之，必也狂狷乎！狂者进取，狷者有所不为也。"意思是：得不到言行合乎中庸的人和他相交，那一定要交到激进的人和狷介的人吧！激进者一意向前，狷介者不会做坏事。中道，中庸之道。　　⑤这句话的意思是：孔子也想寻得恪守中道之士，但是这样的人不一定能找到，所以就退而求其次。　　⑥琴张：《左传》《庄子》中出现过这一名字，但事迹不详，也不清楚是否是同一人。牧皮：情况不明。曾皙：孔子弟子，曾子的父亲。　　⑦嘐嘐（xiāo）：志向高古远大且总是在话语中表现出来。　　⑧夷：平常。也有人认为是句首语助词，无实在含义。

新编中华文化基础教材·第十五册

掩焉者也①。狂者又不可得，欲得不屑不絜之士而与之，是狷②也，是又其次也。孔子曰：'过我门而不入我室，我不憾焉者，其惟乡原③乎！乡原，德之贼也。'"

曰："何如斯可谓之乡原矣？"

曰："'何以是嘐嘐也？言不顾行，行不顾言，则曰古之人、古之人。行何为踽踽凉凉？生斯世也，为斯世也，善斯可矣④。'阉然⑤媚于世也者，是乡原也。"

万子曰："一乡皆称原人焉，无所往而不为原人⑥，孔子以为德之贼，何哉？"

曰："非之无举也，刺之无刺也⑦，同乎流俗，合乎污世，居之似忠信，行之似廉洁⑧，众皆悦之，自以为是，而不可与入尧舜之道，故曰'德之贼'也。孔子曰：'恶似而非者：恶莠⑨，恐其乱苗也；恶佞⑩，恐其乱义也；恶利口⑪，恐其乱信也；恶郑声⑫，恐其乱乐也；恶紫，恐其乱朱也；恶乡原，恐其乱德也。'君子反经而已矣⑬。经正，则庶民兴；庶民兴，斯无邪慝⑭矣。"

——《尽心下》

---

①这句话的意思是：平常去考察其行动，却与其志向言语不相符合。　②狷（juàn）：狷介，指那些洁身自好而傲世的人。　③乡原（yuàn）：也作"乡愿"，愿，谨慎。乡原即现代所谓"老好人""好好先生"。《论语·阳货》："子曰：'乡原，德之贼也。'"　④这几句话的意思是：（老好人批评狂放之人时会说）为什么总是一副志向高远的样子呢？说的话不能和行动符合，行动也与说的话不一致，只会说古人呀，古人呀。（批评狷介之士时又说）为什么要这样孤傲呢？在这个世界上生存，在这个世界上做事，只要还可以就行了。踽踽（jǔ jǔ），独行不进的样子。凉凉，冷漠。　⑤阉（yān）然：八面玲珑、四处讨好的样子。　⑥这两句话的意思是：一乡的人都认为这个人还不错，在所有地方都表现出良善的样子。　⑦这两句话的意思是：这种人想要批评却找不出什么理由，想要责备却也找不出可以责备的地方。　⑧絜：同"洁（潔）"。　⑨莠（yǒu）：田间的杂草。　⑩佞：《说文解字》："佞，巧谄高材也。"佞的本义是用花言巧语及不正当的才能谄媚。　⑪利口：夸夸其谈。　⑫郑声：郑国的音乐，一直被儒家认为是过于动听从而容易引起人的不良欲望的乐曲，但从保存在《诗经·郑风》中的诗歌来看，似乎并不能证实这一论断。　⑬反：同"返"，复归。经：恒常之道。　⑭邪慝（tè）：同义复词，奸邪。

文史知识

孟 子

孟子名轲，字无确切之说，但一般认为是子舆，生卒年也难以确定，这是先秦思想家普遍存在的情况。我们能够知道的是，他上距孔子至少有一百多年的历史，为邹国人。他与孔子的最直接联系是据称他曾师从孔子之孙子思，但也有人认为他只是子思的再传弟子。但由于学说相近，子思、孟子一派的学说还是常被称为"思孟学派"，这一点为他之后在中国思想史上的兴盛起到了重要作用。

孟子一生的行事、遭遇和孔子颇有相似之处：学成讲学、周游列国、游说诸侯，终因失意而回到故里，教授门徒。从《孟子》七篇所记，他曾于邹、宋、薛、滕、齐、梁、鲁诸国游说，接触了包括邹穆公、滕文公、梁惠王、梁襄王、齐宣王等当权人物，其中与梁惠王和齐宣王的对话最多。我们所熟知的"何必曰利？亦有仁义而已矣"等段落，就是他劝说梁惠王与民同乐，痛斥梁惠王为了土地而牺牲人民的记录。孟子对齐宣王谈"王道""保民而王""进贤"的道理，希望齐宣王发政施仁，能"与民同乐"。这些主张沿袭了孔门政治理想的愿景。《史记·孟子荀卿列传》中记孟子的主张在当时被认为"迂远而阔于事情"，即使孟子在当时受到了一定的礼遇，其理想却不能获得实行。

孟子在儒家思想体系中最重要的贡献就在于将心性之说引入，从而使孔子开创的以"仁"为核心的思想体系得以充实，并将这种基于人的心理基础的道德规范视为一切人类活动的本质和依据。这方面最典型的就是他提出的著名的"四端说"："恻隐之心，仁之端也；羞恶之心，义之端也；辞让之心，礼之端也；是非之心，智之端也。人之有四端，犹其有四体也"。这样，他就为儒家提出的伦理道德原则找到了人性基础，换言之，也就是将这些概念解释为人类天生具有的，本来就包含在人性之中的成分。其结果就是，如果有人反对这些原则，那么就会被视为"非人"，也就是孟子在论辩时经常挂在嘴边的"禽兽"。据现存的文献来看，这种对人性本身的内在思考正是战国时期思想界的一种普遍现象，道家的《文子》《庄子》对此也有相关论述。更值得一提的是，二十世纪发现的一些战国时期的简帛文献，更是为我们提供了对这一时期思想史动态的宝贵资料。因此，对于孟子思想的考察，还需要一个更大的背景参考。

思考与练习

1. 孟子的"仁政"理想在当代有什么借鉴意义？

2. 如果，在今天的社会中，真的发生"孺子将入于井"那一幕，在场的人会怎么样？

3. "穷则独善其身，达则兼善天下"，成为后来许多读书人的座右铭。请说说其中的道理。

4. 学手艺，学知识，长才干，该背的背，该记的记，该动手的就要动手。但是，还不够，俗话说"师父领进门，修行在自身"，这有什么讲究？

5. 孟子的"民为贵"思想，跟《尚书》中说的"民惟邦本（百姓是国家的根本）"是一致的吗？跟现代民主思想是一回事吗？谈谈你的理解。

6. 古今中外都反腐倡廉，但总是贪腐不断，有时还愈演愈烈，为什么？你有什么好的建议？

第三单元

汪洋恣肆，睥睨一切
——《庄子》

单元导读

　　每个人都做过梦，有时候还会做些离奇古怪的梦，或者很惊奇，或者很害怕，或者很好笑，也不以为意，至多回忆一下，或者跟人说一说，也就过去了。不过，好奇的人会对神秘的梦境产生兴趣，尤其在古代，梦境被视为另一个世界。于是有人就想，梦醒后的世界和梦中的世界，究竟是一个世界还是两个不同的世界呢？如果是不同的世界，那么哪一个更为真实呢？如果梦醒后的世界反而是虚假的，梦境却是真实的，那么我又如何回到那里去呢？梦境中的"我"与梦醒后的"我"又是不是同一个呢？绕来绕去，竟然连"我"是谁都糊涂了，但这些看似莫名其妙的问题，有人偏偏觉得很有必要搞清楚，并且在思考的过程中想到了许多一般人想不到的有趣之处。

　　庄子谈到过一个奇怪的梦：他梦见自己是一只蝴蝶，不知道是在春天里，还是在夏天里，总之，是自由自在地飞舞着……后来，他醒了，犯糊涂了，想入非非了，不知道自己是庄周还是蝴蝶，是庄周做梦变成了蝴蝶，还是蝴蝶做梦变成了庄周……

　　我们翻开《庄子》，总是会感到一股奇崛瑰丽之气扑面而来，全书的第一个场面就是写一种身长几千里的大鱼，突然变化为一种大鸟，而它的翅膀居然也有几千里之大；当它起飞时，巨大的翅膀拍打水面，激起的水浪就达到三千里，起飞后直达九万里的高空，更让人不可思议的是，它居然连续飞行了六个月！这种有些让人头晕目眩、眼花缭乱的场景在儒家的书中基本上是看不到的，它们有时真让我们疑惑，古人面对天空究竟思考着什么，他们的智慧从何而来？

　　《庄子》在汉代的影响似乎不及后世，《汉书·艺文志》显示直到东汉初还没有人为它作注释。但是到了魏晋乱世，由于道家思想成为社会上层的时尚，《庄子》和其时已经受到较多关注的《老子》盛行起来，晋代为它作注释的人就有几十位之多。从此以后，《庄子》几乎成为中国文人士大夫必备的思想资源。每当他们在现实世界里受到压迫而感到局促、不安甚至痛苦，就会到庄子奇特的想象、犀利的思维之中去寻找安慰和解脱。他们当中有的人是真的服膺庄子的智慧，于是恬退逍遥，就此摆脱了许多原本不必要的纠缠；有的人也许不过是暂时求得安顿，内心还放不下山外的名利场，于是书读了，梦做了，依然回去。无论如何，《庄子》已经是中国文学传统中不可或缺的一部分了。

庄子的文章，想象奇特，文笔变化多端，具有浓厚的浪漫色彩，并采用寓言故事形式，情致滋润旷达，富有幽默意味，给人以超凡脱俗的美妙感受，在中国的文学史上独树一帜，标志着先秦散文成熟阶段的最高成就。鲁迅先生评价说"其文则汪洋辟阖，仪态万方，晚周诸子之作，莫能先也"（《汉文学史纲要》）。

选文部分

小大之辨

世上万物，各有秉性，见识和能力，向往与追求，生存与发展，所谓逍遥自在也就状态各异了。正因为如此，世界才丰富多彩。

汤之问棘①也，是已②："穷发③之北，有冥海④者，天池也。有鱼焉，其广数千里，未有知其修⑤者，其名为鲲。有鸟焉，其名为鹏，背若太山⑥，翼若垂天之云；抟扶摇羊角而上者九万里⑦，绝⑧云气，负青天，然后

新编中华文化基础教材·第十五册

①棘：即夏棘，商汤时期的贤人。　②是已：（得到的回答）就是这样的。已，相当于"此"。　③穷发：不毛之地。发，草木，可以形象地认为草木是山的毛发。　④冥海：茫茫大海。　⑤修：长。　⑥太山：即泰山。　⑦抟（tuán）：环绕而上。扶摇：向上吹的风。羊角：形容旋风回旋向上如羊角。　⑧绝：穿过。

图南，且适南冥也。斥鷃①笑之曰：'彼且奚适也？我腾跃而上，不过数仞②而下，翱翔蓬蒿③之间，此亦飞之至④也。而彼且奚适⑤也？'"此小大之辩也。

——《逍遥游》

藐姑射之仙人

庄子所描绘的神人，超凡脱俗，大智大德，尽管他达到了与万物融合的境界，但只是独善其身，追求独自逍遥而已。

肩吾问于连叔曰⑥："吾闻言于接舆⑦，大而无当⑧，往而不返。吾惊怖其言，犹河汉而无极也⑨；大有径庭⑩，不近人情焉。"连叔曰："其言谓何哉？"曰："'藐姑射之山⑪，有神人居焉，肌肤若冰雪，绰约⑫若处子，不食五谷，吸风饮露，乘云气，御飞龙，而游乎四海之外。其神凝⑬，使物不疵疬⑭而年谷熟。'吾以是狂而不信也⑮。"连叔曰："然。瞽者无以与乎文章之观⑯，聋者无以与乎钟鼓之声，岂唯形骸有聋盲哉？夫知⑰亦有之。是其言也，犹时女

---

①斥鷃（yàn）：池塘边上的小鸟。斥，小池塘。鷃，鷃雀，一种小鸟。　②仞：七尺为一仞，大约就是一个人的身高。　③蓬蒿：草丛。　④至：极点。　⑤奚适：到哪里去。奚，何，哪里。适，到，往。　⑥肩吾、连叔：古时有道之人。　⑦接舆：楚国的隐士，假装癫狂不出仕，是典型的避世之人，反对儒家的道德、政治伦理，《论语》中作为孔子的反对者出现过。　⑧大而无当（dàng）：夸大不实。当：实际。　⑨这句话的意思是：（他的话）好像银河一样无边无际。　⑩径：门外的小路。庭：堂外之地。连用表示差异很大。也有说法认为"径庭"是叠韵的联绵词，相差很大的样子。　⑪藐：遥远的样子。姑射（yè）：古代传说中地处北海的仙山。　⑫绰（chuò）约：美好的样子。　⑬凝：专一。　⑭疵疬（cī lì）：疾病和灾异。　⑮这句话的意思是：我因此认为他的话是虚妄的，并不可靠。狂，通"诳"，虚妄之言。信，真实可靠。　⑯这句话的意思是：一个盲人是无法和他谈论有色彩的景物的。瞽（gǔ），盲。文章，花纹、色彩。　⑰知：通"智"，智慧。

也①。之②人也，之德也，将旁礴③万物以为一，世蕲乎乱④，孰弊弊焉⑤以天下为事！之人也，物莫之伤，大浸稽天而不溺⑥，大旱金石流、土山焦而不热。是其尘垢秕糠，将犹陶铸尧舜者也⑦，孰肯以物为事⑧？"

——《逍遥游》

无用之用

> 事物是多方面的，人的思维也是多角度的。拘泥于世俗的眼光，一般的思维，人对事物的看法和利用就有限了。无用之用，是一种创造性思维，但庄子以逍遥为宗旨去发挥无用之用，便想象奇特，另辟蹊径了。

惠子⑨谓庄子曰："魏王贻我大瓠之种⑩，我树之成而实五石⑪，以盛水浆，其坚不能自举⑫也；剖之以为瓢，则瓠落⑬无所容。非不呺然⑭大也，吾为其无用而掊之⑮。"庄子曰："夫子固拙于用大

---

①这句话的意思是：这话说的就是你的情况（你就是心智上的盲者和聋人）。是，指示代词，这。时，这里相当于"是"，表判断的动词。女，同"汝"，你。　②之：指示代词，这个，这种。下一句"之德也"的"之"也是这个意思。　③旁礴：双声的联绵词，混同的样子。旁，本或作"磅"。④蕲（qí）：同"祈"，也有说法认为同"期"，都是"求"的意思。乱：这里是"治"的意思，太平无事，这种与本义相反的引申现象称为反训。　⑤弊弊焉：为做好某事、达到某一目的而忙碌的样子。　⑥大浸：洪水。稽：到。　⑦这句话的意思是：即使是他身上那些如尘埃谷粒一样的品性，也能够形成尧舜的功业。秕，不饱满的稻谷。糠，谷皮。　⑧这句话的意思是：他哪里肯将世俗人眼中的事业当作一回事呢？　⑨惠子：姓惠名施，宋国人，曾做过魏国的相，他是战国时期名家的代表人物，《庄子》当中涉及该人处很多，但未必符合他真实的思想，大多只是寓言的需要。　⑩魏王：即梁（魏）惠王。贻（yí）：赠送。瓠（hú）：葫芦瓜。　⑪树：种植、培育。实：结的葫芦瓜果实。石（dàn）：容量单位，十斗为一石。这里说瓜的容量达到五石，是非常巨大的。　⑫这句话的意思是：拿这个葫芦瓜去盛水，盛满水后因为材质脆弱以至于不能把它举起来了。　⑬瓠落：叠韵的联绵词，也写成"廓落"，又大又空的样子。　⑭呺（xiāo）然：当中空虚的样子。　⑮为（wèi）：介词，因为。掊（pǒu）：砸破。

新编中华文化基础教材·第十五册

矣^①！宋人有善为不龟^②手之药者，世世以洴澼絖^③为事。客闻之，请买其方百金。聚族^④而谋曰：'我世世为洴澼絖，不过数金；今一朝而鬻^⑤技百金，请与之。'客得之，以说^⑥吴王。越有难^⑦，吴王使之将^⑧，冬与越人水战，大败越人，裂^⑨地而封之。能不龟手，一也；或以封，或不免于洴澼絖，则所用之异也^⑩。今子有五石之瓠，何不虑以为大樽而浮乎江湖^⑪，而忧其瓠落无所容，则夫子犹有蓬之心^⑫也夫！"

惠子谓庄子曰："吾有大树，人谓之樗^⑬。其大本拥肿而不中绳墨^⑭，其小枝卷曲而不中规矩。立之涂^⑮，匠者不顾。今子之言，大而无用，众所同去^⑯也。"庄子曰："子独不见狸狌乎^⑰？卑身而伏，以候敖^⑱者；东西跳梁^⑲，不避高下；中于机辟^⑳，死于罔罟^㉑。今夫斄牛^㉒，其大若垂天之云。此能为大矣，而不能执鼠。今子有大树，患其无用，何不树之于无何有之乡，广莫之野^㉓，彷徨乎无为其侧，逍遥乎寝卧其下^㉔？不夭斤斧，物无害者，无所可用，安

---

①这句话的意思是：您实在是太不善于驾驭庞大的事物了。固，确实。　②龟（jūn）：通"皲"，皮肤受冻开裂。　③洴澼絖（píng pì kuàng）：漂洗丝絮。洴澼，漂洗。絖，同"纩"，丝絮。　④聚族：召集他的家族成员。　⑤鬻（yù）：卖。　⑥说：游说，这里是献上计策的意思。　⑦难：发难，这里指越国攻打吴国。　⑧将（jiàng）：动词，率领部队。　⑨裂：分出（土地）。　⑩这段话的意思是：能够使手不开裂是一致的，但有的人凭借它获得分封，有的人却不免继续漂洗绵絮，这是因为使用的方法不同。　⑪虑：考虑。樽：一种形似酒器的凫水工具。　⑫有蓬之心：如有蓬草一般迂曲浅薄之心。蓬，一种草，形状蜷曲杂乱，这里用以比喻惠子的内心如蓬草般杂乱。　⑬樗（chū）：臭椿树，木质较差，一般不作为木材。　⑭这句话的意思是：它的主干粗大弯曲，不能符合木工的墨线（不适合作为木材）。本，本义是树根，这里是树干的意思。拥肿，叠韵的联绵词，因有突起而不直的样子。中（zhòng），动词，符合。绳墨，木工用以取直的墨线。　⑮涂：通"途（塗）"，道路。⑯去：弃而离开，这里是不为人重视的意思。　⑰狸：野猫。狌（shēng）：黄鼠狼。　⑱敖：通"遨"，这里是经过的意思。　⑲跳梁：又跑又跳。　⑳机辟：狩猎的机关。　㉑罔罟（gǔ）：同义复词，捕猎的罗网。罔，通"网（網）"，罗网。　㉒斄（lí）牛：牦牛。　㉓这两句话的意思是：为什么不把这棵树种在一个什么也没有的地方，种在广大的原野上呢？莫，大。　㉔这两句话的意思是：在它边上自由自在，无所事事，在它的下面逍遥自在地睡觉。彷徨，叠韵的联绵词，放任的样子。

所困苦哉[①]！"

——《逍遥游》

物　化

庄子的思想十分奇特。他用做梦这样一个人人有的经历，来说明很难讲清的道理。他认为人在做梦时不知道自己在做梦，有时梦里还会做梦。所以，梦与觉是相对的：小梦之后有小醒，大梦之后有大醒。那么以此类推，庄子问：你怎么知道你现在自认为醒着，不是一场大梦呢？

梦饮酒者，旦而哭泣；梦哭泣者，旦而田猎[②]。方[③]其梦也，不知其梦也。梦之中又占其梦焉，觉而后知其梦也[④]。且有大觉而后知此其大梦也，而愚者自以为觉，窃窃然[⑤]知之。君乎？牧[⑥]乎？固[⑦]哉！
……

---

①这四句话的意思是：不被伐木人砍伐，外物也不会残害它，没有值得利用的地方，还有什么会使其困苦的事情呢？　　②这段话的意思是：梦见自己饮酒作乐的人，早上起来却会哭泣；梦中在哭泣的人，早上起来却可以去打猎为欢。梦境与现实存在差异甚至相反古人很早就体认到，庄子在此特别强调梦境与现实的相反，意在强调梦境中的人往往很难觉悟到自己身在梦中的事实。田，打猎。　　③方：正当。　　④这句话的意思是：甚至在梦境中（还会做梦），还会去占卜梦中梦的吉祥，直到醒来才意识到自己身处一场梦中。觉（jué），醒来。　　⑤窃窃然：很明白的样子。　　⑥牧：牧夫，这里指卑贱之人，与高贵的"君"相对。　　⑦固：鄙陋。

新编中华文化基础教材·第十五册

昔者庄周梦为胡蝶①，栩栩然②胡蝶也，自喻适志与③！不知周也④。俄然⑤觉，则蘧蘧然⑥周也。不知周之梦为胡蝶与，胡蝶之梦为周与⑦？周与胡蝶，则必有分⑧矣。此之谓物化⑨。

——《齐物论》

庖丁解牛

正因为人的生命是有限的，所以要珍惜，怎么珍惜？就是一切都要遵循规律，顺其自然，适可而止。为此，庄子用庖丁解牛顺着牛的骨骼走向运刀，所以刀不会钝的故事，来说明养生的道理。

吾生也有涯⑩，而知也无涯。以有涯随⑪无涯，殆已⑫；已⑬而为知者，殆而已矣。为善无近名，为恶无近刑⑭。缘督以为经⑮，可以保身，可以全生⑯，可以养亲⑰，可以尽年⑱。

①胡蝶：即蝴蝶。　②栩栩（xǔ xǔ）然：蝴蝶飞舞的样子。　③喻：通"愉"，愉快。适志：合乎心意，心情愉快。　④这句话的意思是：（高兴得）都不知道自己是庄周了。　⑤俄然：忽然。⑥蘧蘧（qú qú）然：惊惶的样子，也可以解释为恍然大悟的样子。　⑦这两句话的意思是：不知道到底是我庄周变成蝴蝶呢，还是有一只蝴蝶变作了我庄周？之，取消句子独立性的结构助词。　⑧分：区别。　⑨这句话的意思是：这就是所谓万物化而为一的道理。万物都本于绝对的道，因此根本上是无差异的，但是我们真实感知到的世界却是有差异的，就像庄周和蝴蝶一样；但是如果从这个实在的世界超脱出去看，则万物本质上是一体的、齐同的，就像这里梦醒后的庄周不明白自己到底是谁一样。这是《齐物论》中主要阐述的内容。　⑩涯：界限。　⑪随：追求。　⑫殆：危险。已：通"矣"。　⑬已：这里是像（这样）的意思。　⑭这两句话的意思是：做好事不要取得声誉，做坏事也不要触犯刑罚。这带有典型的老子哲学的特点。　⑮这句话的意思是：经常引导气息从后背中间的主脉络通过。缘，沿着。督，督脉，传统医学中将身后当中的脉络称为督，是气功导引之术中非常重视的地方。经，常，不变的准则。也有人把"督"解释为"自然常理"，那么这句话的意思就是：把顺从自然常理作为不变的法则。意思上并不冲突，但从全篇养生全性的角度来看，前一种解释更好，且有助于提示我们注意关于导引之术的起源和内涵。　⑯生：同"性"，指人的自然天性。　⑰这句话的字面意思是：可以用来奉养父母。但与上下文有不合之处，有人把"亲"解释为"精神"；也有人把这句话理解为可以用来将从父母处秉受而来的都还给他们，表示回归自然天性；也有人把"亲"解释为"身"，则养亲就是养自己的身体。都有一定道理。　⑱尽年：终享天年。

庖丁为文惠君解牛①，手之所触，肩之所倚，足之所履，膝之所踦②，砉然向然③，奏刀騞然④，莫不中音⑤；合于《桑林》⑥之舞，乃中《经首》之会⑦。

——《养生主》

顺天致性

下面是三个故事，螳臂当车，顺虎之性，爱马反害。说明三个道理，不要自大，顺物天性，爱以其道。这都是处世所必须遵循的道理。

汝不知夫螳螂乎？怒其臂以当车辙⑧，不知其不胜任也，是其才之美者也⑨。戒之，慎之！积伐而美者以犯之⑩，几⑪矣。

汝不知夫养虎者乎？不敢以生物⑫与之，为其杀之之怒也⑬；不敢以全物与之，为其决⑭之之怒也。时⑮其饥饱，达⑯其怒心。虎之与人异类而媚养己者，顺也⑰；故其杀者，逆也。

---

①庖（páo）：厨房。"庖丁"即厨师。一说"庖"指厨师，"丁"是他的名字。为（wèi）：替，给。文惠君：即梁惠王。解：宰割。　②踦（yǐ）：用膝盖顶住。　③砉（huā）然：拟声词，皮和骨肉分离的声音。向：通"响"，也用以形容宰割的声响。　④奏：本义是献上，这里是进（刀）的意思。騞（huō）然：也是宰割牛的拟声词。　⑤中（zhòng）音：符合音乐的节奏。　⑥《桑林》之舞：传说中商汤时的乐舞曲。　⑦《经首》：传说中尧时期的乐曲《咸池》中的一个乐章。会，音乐的一节。　⑧怒：奋起。当：阻挡。车辙：车轮行过的印记，这里指代"车轮"。　⑨这句话的意思是：自恃才能太高。是，形容词活用为动词，特殊的动宾关系意动用法。之，结构助词，定语后置的标志词。　⑩积：长期不断地。伐：夸耀。而：通"尔"，你的。　⑪几（jī）：这里是危险的意思。　⑫生物：活物。　⑬这句话的意思是：唯恐它扑杀活物时引发它残杀生物的怒气。前一个"之"，代词，代指活物；后一个"之"，动词，引致，导致。下一句也是如此。　⑭决：裂，撕开。　⑮时：名词活用为动词，知道……的时候。　⑯达：了解。　⑰这句话的意思是：老虎能够和人这种异类相处并喜欢蓄养它的人，是因为（蓄养它的人）顺其天性。媚，喜爱。之，取消句子独立性的结构助词。

新编中华文化基础教材·第十五册

夫爱马者，以筐盛矢①，以蜄盛溺②。适有蚊虻仆缘③，而拊④之不时，则缺衔毁首碎胸⑤。意有所至而爱有所亡⑥，可不慎邪！

——《人间世》

才全而德不形

> 一个有魅力的人，能够吸引别人的注意。但有的是魅力四射，光彩照人，语惊四座；有的却内敛无光，其貌不扬，如不与之交往，也就跟普通人没两样了。魅力是高层次修养的自然辐射，是识人、用人的重要依据。

哀公曰："何谓才全⑦？"

仲尼曰："死生存亡，穷达贫富⑧，贤与不肖毁誉，饥渴寒暑，是事之变，命之行⑨也，日夜相代⑩乎前，而知不能规⑪乎其始者也。故不足以滑和⑫，不可入于灵府⑬。使之和豫通而不失于兑⑭，使日夜无郤⑮而与物为春，是接而生时于心者也⑯。是之谓才全。"

"何谓德不形⑰？"

①矢：通"屎"，粪便。　②蜄（shèn）：同"蜃"，蛤蜊，这里可能指的是用蚌壳有五彩的一面装饰的酒樽。溺：尿。　③蚊虻（wén méng）：同"蚊虻"，牛虻。仆缘：附着，这里指叮在马身上。④拊（fǔ）：拍击。　⑤这句话的意思是：咬断了马的勒口，挣断了辔头，弄坏了络饰。　⑥这句话的意思是：本意出于喜爱（马）但结果却失去了本来爱护的初衷。　⑦哀公：鲁哀公。哀公说有个叫哀骀它（dài tā）的人，容貌丑陋吓人，但不管是谁，只要跟他接触交往了，就会喜欢他，信赖他。哀公跟他接触一年，竟然离不开他，还打算请他管理国事。鲁哀公就去请教孔子：这是何等样的人啊？孔子回答说：这个人一定是"才全而德不形者也"。才全：才智完全。　⑧穷：困窘。达：显达。⑨命之行：天命的运行。　⑩相代：相互更替。　⑪规：揆度，规划。　⑫滑（gǔ）：通"汩"，乱的意思。和：和谐，均衡，这里指秉性而言。　⑬灵府：心灵。　⑭豫：安适。兑（yuè）：通"悦"，欢乐。　⑮郤（xì）：同"隙"，间隙。　⑯接：接触外物。时：顺时，顺应四时而作的意思。⑰形：表现出来的样子。

曰：“平者，水停之盛也①。其可以为法②也，内保之而外不荡③也。德者，成和之修④也。德不形者，物不能离也⑤。”

哀公异日以告闵子⑥曰：“始也，吾以南面而君天下，执民之纪⑦而忧其死，吾自以为至通矣。今吾闻至人之言，恐吾无其实，轻用吾身而亡其国。吾与孔丘，非君臣也，德友而已矣。”

——《德充符》

浑沌之死

> 这是一则内涵极为丰富的寓言。战国时代，各国积极有为，有的想吞并他国，有的则努力避免被吞并，于是都必须驱使百姓为其效命。朴素自然的生命，无端被赋予众多意义和责任，于是完整的生命变得残破不全，人变成了非人。

南海之帝为儵，北海之帝为忽，中央之帝为浑沌⑧。儵与忽时相与遇于浑沌之地，浑沌待之甚善。儵与忽谋⑨报浑沌之德，曰：“人皆有七窍以视听食息，此独无有，尝试凿之。”日凿一窍，七日而浑沌死。

——《应帝王》

---

①这句话的意思是：水平状态是平衡状态中最典型的一种。　②法：参照标准。　③荡：动。　④成和之修：事得以成功、物得以顺和的极高修养。　⑤这句话的意思是：德不具体呈现出某种行迹，万物于是就不会离开它。　⑥闵子：孔子的弟子闵子骞。这里的人名都是实有的，但事件是虚构的。　⑦纪：纲纪，法令。　⑧儵（shū）、忽、浑沌：都是虚拟的名字。但用字也有寓意："儵忽"是叠韵的联绵词，本义是时间迅速，这里是急匆匆很有作为的样子；"浑沌"指难以分辨的原始状态的样子。一指人为造成的，一指自然存在的，因此"儵""忽"寓意有为，而"浑沌"寓意无为。　⑨谋：商量。

本性与束缚

造物者所造之物，都有它的本性，保持其本性，是它们最适宜的存在。社会教育人、改造人，人改造其他东西，都须慎重考虑是否改变其本性；因为改变可以是改进，是创造，也可能是破坏，甚至是灭杀。

马，蹄可以践霜雪，毛可以御风寒，龁①草饮水，翘足而陆②，此马之真性也。虽有义台路寝③，无所用之。及至伯乐，曰："我善治马。"烧之④，剔之⑤，刻之⑥，雒之⑦，连之以羁馽⑧，编之以皂栈⑨，马之死者十二三⑩矣；饥之，渴之，驰之，骤之，整之，齐之，前有橛饰之患⑪，而后有鞭筴⑫之威，而马之死者已过半矣。

陶者曰："我善治埴⑬，圆者中规，方者中矩。"匠人曰："我善治木。曲者中钩，直者应绳。"夫埴木之性，岂欲中规矩钩绳哉？然且世世称⑭之曰"伯乐善治马，而陶匠善治埴木。"此亦治天下者之过也。

——《马蹄》

---

①龁（hé）：咀嚼。　②翘（qiáo）：扬起。陆：跳跃。　③义（é）：通"峨"，高。路：大。寝：居室。　④烧之：烫马匹的毛使之平整。　⑤剔之：剪马毛。　⑥刻之：砍削马蹄甲。　⑦雒（luò）：通"烙"，用烙铁留下标记。　⑧羁馽（zhí）：马络头和绊住马前脚的绳索。馽，通"絷"，绊马前足的绳索。　⑨皂（zào）：养马的槽枥。栈：马棚。　⑩十二三：十分之二三。　⑪橛（jué）：马口所衔之木。饰：指马络头上的装饰。　⑫筴：通"策"，竹制的马鞭。　⑬埴（zhí）：黏土。　⑭称：赞扬。

突破局限

我们的知识都具有一定的局限性，只能说在一定范围内才具备相对的真理。庄子告诫我们要不断破除局限的自我，而获得更高更广的存在。

秋水时至①，百川灌河，泾流②之大，两涘渚崖之间③，不辩牛马④。于是焉河伯⑤欣然自喜，以天下之美为尽在己。顺流而东行，至于北海，东面而视，不见水端⑥。于是焉河伯始旋其面目⑦，望洋向若而叹⑧曰："野语⑨有之曰：'闻道百⑩，以为莫己若⑪'者，我之谓也。且夫我尝闻少仲尼之闻而轻伯夷之义者⑫，始吾弗信；今我睹子之难穷也，吾非至于子之门，则殆矣，吾长见笑于大方之家⑬。"

北海若曰："井蛙不可以语于海者，拘于虚也⑭；夏虫不可以语于冰者，笃于时也⑮；曲士不可以语于道者，束于教也⑯。今尔出于崖涘，观于大海，乃知尔丑⑰，尔将可与语大理⑱矣。"

——《秋水》

---

①时至：按时到来。　②泾（jīng）流：通过的流水。一说，泾，即水流的意思，这里是同义复词，水流。　③涘（sì）：水边。渚（zhǔ）：水中沙洲。　④不辩牛马："辩"通"辨"，涨水使河面宽阔，分辨不出对岸的牛和马。　⑤河伯：黄河的水神。　⑥端：尽头。　⑦旋其面目：改变了欣然自喜的样子。旋，转，这里是改变的意思。　⑧望洋：叠韵的联绵词，抬头仰视的样子。若：海神的名字。　⑨野语：俗语。　⑩闻道百：懂得许多道理；百，数词，这里是数词作后置定语，这里不是实指，表示很多。　⑪莫己若：正常的语序应该是"莫若己"，没有谁比得过我。　⑫少仲尼之闻：贬低孔子的博学多闻。少，贬低。轻伯夷之义：轻视伯夷的节操。　⑬大方之家：得大道的人。方，道。　⑭这两句话的意思是：对生活在水井里的青蛙是不能和它谈及大海的，那是因为它被自身所处的环境局限了。虚，同"墟"，居所。　⑮这两句话的意思是：对那些只生存于夏季的昆虫是不能和它谈及冰雪的，那是因为它被自己生存的时间局限了。笃，局限。　⑯这句话的意思是：对那些见识浅薄的人是不能与他们谈论大道的，那是因为他们的价值观被世俗的教化束缚住了。　⑰丑：鄙陋。　⑱大理：大道。

鱼之乐

庄子看到鱼在濠水里游，有所感触，与惠子进行了一场著名的讨论。

　　庄子与惠子游于濠梁①之上。庄子曰："儵鱼出游从容②，是鱼之乐也。"惠子曰："子非鱼，安知鱼之乐？"庄子曰："子非我，安知我不知鱼之乐？"惠子曰："我非子，固③不知子矣；子固④非鱼也，子之不知鱼之乐，全⑤矣。"庄子曰："请循其本⑥。子曰'汝安知鱼乐'云者，既已知吾知之而问我，我知之濠上也⑦。"

——《秋水》

---

①濠梁：濠水的桥上。濠，水名，在现在安徽凤阳。　　②儵（tiáo）鱼：一种淡水鱼中的银白色小鱼，喜欢在水层下面游动。儵，通"鲦"，简化作"鲦"。从容：悠闲自得。　　③固：固然。　　④固：本来。　　⑤全：完全如此，无可辩驳的意思。　　⑥循其本：从最初的话题说起。循，顺着。其，话题。本，最初。　　⑦这三句话的意思是：你在哪里知道鱼是快乐的呢。云者，如此如此。安，既可以是疑问副词，怎么；也可以作疑问代词，哪里。庄子因此偷换概念。

痀偻承蜩

　　学习、做事、干活，要得心应手，要熟能生巧，必须苦练基本功。苦练之"苦"，不仅在于肯花时间、精力，还有更重要的是能动脑筋、想办法，专心致志。

　　仲尼适楚，出^①于林中，见痀偻者承蜩^②，犹掇^③之也。

　　仲尼曰："子巧乎！有道邪^④？"曰："我有道也。五六月累丸二而不坠^⑤，则失者锱铢^⑥；累三而不坠，则失者十一^⑦；累五而不坠，犹掇之也。吾处身^⑧也，若厥株拘^⑨；吾执臂^⑩也，若槁木之枝；虽天地之大，万物之多，而唯蜩翼之知^⑪。吾不反不侧^⑫，不以万物易蜩之翼^⑬，何为而不得！"

　　孔子顾谓弟子曰："用志不分，乃凝于神^⑭，其痀偻丈人之谓乎！"

——《达生》

①出：经过。　　②痀偻（jū lóu）：驼背的人。承蜩：粘蝉，指在竹竿顶端装粘物把蝉粘住。蜩（tiáo），蝉。　　③犹掇（duō）：好像用手拾取一样（容易）。掇，拾取，用手去拿。　　④有道邪：有门道么？道，办法、方法、规律、窍门。　　⑤五六月：指学习经过的时间。累丸：累叠小弹丸。累，叠起，指在竹竿顶端叠小弹丸。　　⑥锱铢（zī zhū）：古重量单位，二十四铢为一两，六铢为一锱。此处喻极微少的数量。　　⑦十一：十分之一，形容极少。　　⑧处身：立定身子。　　⑨若厥株拘：（身体）像木头一样静止不动。厥，通"橛"，橛株，树墩。拘，止，静止。　　⑩执臂：举竿的手臂。　　⑪这三句话的意思是：即使是广大的天地，繁多的万物，但此时我只知道有蝉的翅膀一物存在。之，结构助词，宾语前置的标志词。这里的宾语前置明显是为了突出蝉的翅膀，以显示此人的聚精会神。　　⑫不反不侧：不反身，不侧视，一动不动。形容精神集中。　　⑬以：因为。易：改变。　　⑭凝于神：凝神。凝，专注，专一。

文史知识

庄子与《庄子》

　　庄子，宋国蒙（今安徽蒙城）人，名周。和先秦许多思想家一样，他的生平也十分渺茫，我们几乎只能从那部充满寓言的著作本身和近两百年后司马迁的《史记·老子韩非列传》中获得他的一些生命轨迹。目前一般认为他生活在约公元前369到前286年间[①]，当然也有其他说法，但他处于战国末期当无疑问。他是先秦重要的思想家和文学家，道家学说的重要代表。人们根据《庄子》和其他文献，大致可以知道，庄子在早期做过其出生地蒙一个叫漆园地方的官员，可能很快就不再担任。此后他的生活始终处于清贫之中，但崇尚自由之心从来没有止息。因而，当楚威王遣人带着厚重的礼物来延请他去出任楚相——这样的礼遇可以推知他在当时的名声不错，至少可以较为轻易地摆脱贫穷的生活——庄子以异常坚决且不乏尖刻的言辞拒绝了使者，并表明了自己终身不仕的意愿。他说做官就像是那种为祭祀仪式准备的牛，要精心饲养好几年才能使用，而且还要对它进行修饰，外表看光鲜亮丽，生活无忧，可一旦祭祀需要，它就会被宰杀，到时想做一头孤苦伶仃的小牛都不行了。这大约要算是庄子一生最出名也是最精彩的瞬间了，因此《史记》对他寥寥数笔的记录中这一段是最详尽的，此后他大约就依旧守护着自己清贫而自由的生活了。

　　庄子及其思想的核心是"道"，道在他的体系中是最高概念，这一点太史公看得很清楚，他认为庄子博学多闻，接受的学说其实很多，但归根结底是老子的思想，也就是以道为核心的思想。庄子和老子的另一个重要的契合点就是对于现实世界尤其是

---

①马叙伦：《庄子年表》。

政治生活的强烈怀疑和拒斥。然而，可能是时代的不同，也可能是角度的差异，两人又有分野，老子倾向于回到一个他认为确实存在过的原始社会，即所谓"小国寡民"的时代，因为现实欲望的无限降低和人原始自然的蒙昧状态，可以使统治难度大大下降，从而达到顺应自然的效果；而庄子则显得更为孤绝，他寻求的是个人精神世界的超越，并且要求个人保持其最为自然本真的状态，来抵御社会生活的侵蚀乃至超越粗糙的现实。这种关注点的转变很有可能与战国后期政治形势的激化和思想界的新动向有关。庄子不可能不注意到同时代中如孟子、墨子等具有很大影响的学派，他面对的是全新的问题，因此他的思想又具有极强的独创性。也就是在这个意义上，他被视为老子思想最重要的继承人和发展者，尽管"老庄"并称是在东汉才出现的，但客观上老庄思想的内在联系的确最为紧密。他的思想中最具特点的主要是热爱个体生命、万物平等、顺应自然等[1]，可以看到，这些都与个人如何在宇宙中最好地安顿自己从而获得自由与快乐有关。这一点与《老子》以天道重构人间秩序的思路并不完全一致，这也是自从《老子》在西汉得以与法家思想合流成所谓"黄老之术"后，统治者对《老子》更感兴趣而较为疏远《庄子》的原因；但同样，这也是魏晋之后，士大夫所谓的"老庄"往往主要指后者的原因。

　　《庄子》今存三十三篇，"内篇"七篇、"外篇"十五篇和"杂篇"十一篇。一般认为"内篇"最接近庄子思想，可以认为就是他所作；"外篇"是庄子的弟子所为；"杂篇"的情形就要复杂些，应当是庄子学派的人或者后来其他方面的学者写的，有些则肯定不是庄子的思想，如《盗跖》《说剑》等。《汉书·艺文志》著录《庄子》五十二篇，后人认为其中三篇不属于原文，而是附着的注释[2]，因此《庄子》原先最多达到四十九篇，部分显然在流传过程中佚失。其中三篇注释中有两篇被认为出自西汉淮南王刘安，并且原先还收入了《淮南子》的外篇，但已经佚失，今天只能看到残句。有人据此认为《庄子》篇章分为三部分就是刘安所为，但这一点实难确定，因为《艺文志》明确记载了《淮南子》有内篇、外篇之分，但对《庄子》却没有作这样的记录，如果自西汉起就如此，不应该没有说明。且内七篇历史上似乎从未有过异议，可见必有其原始依据，而外篇、杂篇的分类出入很大，让人感到这种区分并非一时形成。

---

① 韦政通：《中国思想史》，吉林出版集团，2009年，第126—131页。
② 从这两篇收入《淮南子》外篇来看，篇幅并不长，不大可能是对《庄子》的整体性注释，而很有可能是类似《韩非子》中《解老》《喻老》一类的文字，与后世郭象一类的注释不完全相同。

思考与练习

1. 我们做一件事，总是要考虑它是否有用，考虑它能给我们带来什么。那么你觉得一个人或一种事物的有用和无用应该如何衡量？我们能否凭借我们的智慧给出一个衡量标准或者一组衡量体系？请与同学讨论，在讨论中形成你自己的看法。

2. 觉醒是什么意思？能举几个生活中觉醒的例子吗？觉醒以后，你的感觉又是什么？是失落，还是庆幸？这种感觉可能是很细微而难以表达的，尝试用诗歌或日记的形式加以记录。

3. 试比较"才貌双全""德才兼备""唯才是举"三者的区别。你认为需要这样的区别吗？

4. "人定胜天"，这么说有道理吗？如今科技如此发达，许多过去人类无法设想的事情，现在都实现了，我们能够说"人定胜天"吗？尝试具体解释什么是"人"，什么是"天"。

5. 梦蝶，庄子已经示意了物我相通；知鱼，庄子更是从现实里展现了物我可以相通。你有通过描写动物来表现自己心情的经历吗？

第四单元

张扬语言的极致
——辞赋文学

单元导读

　　两千多年前的一天，汉高祖刘邦荣归故里，在父老乡亲面前，即兴创作了《大风歌》："大风起兮云飞扬，威加海内兮归故乡，安得猛士兮守四方！"他的豪情壮志，肯定令在场的人动容。《大风歌》虽然很短，却意味深长，很像是一首可以反复吟唱的歌曲。高祖的故乡沛县属于楚地，因此这样的歌曲属于楚歌，也是汉赋的起源之一。

　　赋的形成过程很复杂，主要成型于战国时期，但真正成熟则在西汉。经过汉初休养生息，秦末战乱的创伤得以平复。至汉武帝时，社会趋于安定，国家财富的积累酝酿着各方面的改革，大汉气象开始显现了。此时，无论是统治者，还是当时的文人，都感受到伟大时代的感召，以一种包容、开放的姿态思考问题，并且追求宏大雄壮、炫目瑰丽的场面。这种时代气息也影响了文学创作，使之从以屈原《离骚》为代表的楚辞，逐步向宏伟深沉的汉赋发展。因而，赋成为两汉四百年间重要的文学样式。

　　赋的价值主要在于张扬语言的极致，因为根据东汉班固的记载，赋是纯粹以语言作为形式来使人达到审美愉悦的。当一种文学形式不能借助音乐等其他辅助手段，它就要求作者必须掌握广博的知识，驾驭丰富的词汇，在写景状物中抒发情意，让世间万物呈现其华丽美妙的魅力。不丽不美不成赋，这可不是单凭形容词就能做到的。汉赋的作者，博学多才，字字斟酌，一篇既成，殚精竭思。《子虚赋》和《上林赋》，是"汉大赋"的代表作，司马相如花了几百天才写成；即使如六朝有些篇幅有限的小赋，也都是精雕细刻的艺术品。因而，赋这种文学形式在丰富文学作品的词汇、锤炼语句和描写技巧等方面，都取得了非常可观的成就，给后世文人不少启发。

辞赋在西汉非常兴盛，但流传至今的作品并不多；东汉以后就出现了抒情小赋这样的强调抒情性的作品，表明赋并没有失落其诗的本质；魏晋以后，骈丽化的赋越来越多，这与骈文的发展密不可分，也显示出辞赋更加强调自身的审美价值。

选文部分

吊屈原赋①

贾　谊②

长沙，在西汉初期的中原人眼中是一个多雨潮湿的荒僻之地，所以，贾谊是怀着忧郁的心情去赴任的。小舟缓缓南下，来到湘江边上时，屈原投江自沉的情景不由在他脑中展现。同时，他也想到自己锐意改革，却遭到大臣们的诬陷诋毁，未得重用，境遇跟屈原何其相似！于是，贾谊吊古伤今，写下了此篇。

共承嘉惠兮，俟罪长沙③。侧闻④屈原兮，自沈⑤汨罗。造托湘流兮，敬吊先生⑥。遭世罔极兮，乃陨厥身⑦。呜呼哀哉，逢时不

①本文选自《史记·屈原贾生列传》。《汉书》也收入了本篇，但字句有出入，考虑到《史记》距离贾谊的年代较为接近，且《史记》的版本更接近《楚辞》风格，可能更能客观反映出汉初辞赋的风格。从这篇赋的风格可以看出，受到屈原作品的影响很大，其中认为，屈原应该离开楚国远去他乡抑或归隐，与《离骚》《渔父》等作品有类似之处。　②贾谊：洛阳人，西汉初年著名政论家、文学家。贾谊少有才名。汉文帝时任博士，迁太中大夫，提出许多改革意见，但受老臣排挤，出为长沙王太傅。三年后被召回长安，为梁怀王太傅。梁怀王坠马而死，贾谊深感自责绝望，抑郁而亡，仅三十三岁。　③这两句话的意思是：我恭敬地接受皇帝美好的恩惠，到长沙来待罪任职。共，通"恭"，恭敬地。　④侧闻：听说，这里带有谦敬的意味。　⑤沈：同"沉"，沉没。　⑥这两句话的意思是：我来到湘水流域，寄托我的情感，充满敬意地凭吊屈原先生。　⑦这两句话的意思是：屈原当时不幸遭遇世道不正，最终付出了自己的生命。罔极，没有准则，不正。厥，其，指屈原。

祥！鸾凤伏窜兮，鸱
枭翱翔①。阘茸②尊显
兮，谗谀得志；贤圣逆
曳兮，方正倒植③。世
谓伯夷贪兮，谓盗跖④
廉；莫邪为顿兮，铅刀
为铦⑤。于嗟嘿嘿兮⑥，
生之无故⑦！斡弃周鼎

兮宝康瓠，腾驾罢牛兮骖蹇驴，骥垂两耳兮服盐车⑧。章甫荐履兮，
渐不可久⑨；嗟苦先生兮，独离此咎⑩！

讯曰⑪：已矣⑫，国其莫我知，独壹郁⑬兮其谁语？凤漂漂其高
遰⑭兮，夫固自缩⑮而远去。袭九渊之神龙兮⑯，沕⑰深潜以自珍。
弥融爚以隐处兮⑱，夫岂从蚁与蛭螾⑲？所贵圣人之神德兮，远浊
世而自藏。使骐骥可得系羁兮，岂云异夫犬羊！般纷纷其离此尤

---

①这两句话的意思是：(世道不公）美好的凤凰潜伏不出，不祥的猫头鹰却到处飞翔。这里的凤凰和猫头
鹰都有象征意义。　②阘（tà）茸：指不肖之人。　③这两句话的意思是：圣贤之人不能遵循大道
处世，正直的人反居下位。　④盗跖：春秋时鲁国大盗。　⑤这两句话的意思是：把锋利的莫邪（yé）
剑说成是钝的，把软的铅刀说成是锋利的。铦（xiān），锋利。　⑥嘿嘿（mò mò）：不得志的样子。
⑦生：指屈原。无故：无故遭遇此祸。　⑧这三句话的意思是：转而抛弃周朝的鼎而将大瓢视为珍宝，
驾驭疲惫的牛而让跛脚的驴去拉马车，骏马垂着两耳被驱使着拉盐车。这几句都是借助世间本应是高
贵的东西反而屈居下层的现象，来反映时代价值观的错乱。斡（wò），转。康，大。罢（pí），疲惫。
骖（cān），古代四马驾一车，中间的两匹叫服，两边的叫骖。蹇（jiǎn），跛脚。服，驾驶。　⑨这两
句话的意思是：用殷商的礼帽垫在鞋子里，（这种荒谬的情形）只是暂时的不会长久。章甫，殷商时期
的一种礼帽。荐，垫。　⑩离：通“罹”，遭遇。咎：灾难。　⑪讯曰：相当于《楚辞》的“乱曰”，
即辞赋篇末的陈词。《楚辞》中的“乱（亂）曰”很有可能是“辞（辭）曰”的讹误，而“辞”可以解
释为“讼”或“颂”，因此又可以写作“讯”，都是告白的意思。由此可见，“辞”这种文体很有可能与
“颂”这种文体有关联。　⑫已矣：算了吧。　⑬壹（yīn）郁：抑郁不快。　⑭遰（dì）：离开。
古代与“逝”字音义全同。　⑮缩：退守。　⑯袭：探察。九渊之神龙：《庄子》：“千金之珠必在九
重之渊，而骊龙颔下。”　⑰沕（mì）：深潜的样子。　⑱弥：远离。融爚（yuè）：光明。融，明亮。
爚，火光。　⑲蛭（zhì）：水蛭。螾（yǐn）：同“蚓”，蚯蚓。

兮，亦夫子之辜也①！瞻九州而相君兮，何必怀此都也②？凤皇翔于千仞之上兮，览德辉③而下之；见细德之险征兮，摇增翮逝而去之④。彼寻常之污渎兮⑤，岂能容吞舟之鱼！横江湖之鳣鲟兮，固将制于蝼蚁⑥。

七发（节选）

枚　乘⑦

　　赋中假设楚太子有病，吴客前去探望。吴客认为楚太子的病因在于贪欲过度，享乐无时，一般用药和针灸无法治愈，只能"以要言妙道说而去也"。于是分别描述音乐、饮食、乘车、游宴、田猎、观涛等六件事的乐趣，一步步启发诱导太子改变生活方式；最后向太子引见"方术之士"，"论天下之精微，理万物之是非"，太子方才痊愈。此赋的主客问答形式，篇章宏阔，辞藻富丽，形成了汉大赋的体制。《文选》还将这种文体专门命名为"七"。这里选择的是赋中描述音乐的部分。

　　楚太子有疾，而吴客往问之，曰："伏闻太子玉体不安，亦少间⑧乎？"

---

①这两句话的意思是：屈原盘桓不忍离去，结果导致谗言纷纷，自己遭受这样的祸害，这是先生自己的错啊。般，通"盘（盤）"，盘桓，犹豫不决。纷纷，谗言很多的样子。尤，祸患。　②这两句话的意思是：应该去走遍九州大地，自己去考察一下各地君王（择贤主而事），何必对这一个国家（楚国）恋恋不舍呢？瞻（chī），在游历中查看。　③德辉：指君主道德的光辉。　④这两句话的意思是：如果看到君王有道德低下的危险征兆，就加速拍动翅膀高飞离去。翮（hé），翅膀。　⑤污：小水池。渎（dú）：沟渠。　⑥鳣鲟（zhān xún）：两种体型巨大的鱼。固：本来。《庄子·庚桑楚》："吞舟之鱼，荡而失水，则蝼蚁能制之。"　⑦枚乘：字叔，淮阴（今江苏淮阴）人，西汉辞赋家。曾经担任吴王刘濞的郎中，吴王预谋叛乱，枚乘上书劝谏未果。于是转投梁孝王刘武。景帝时，吴王发动"七国之乱"，枚乘又上书劝阻，因此知名。后景帝拜他为弘农都尉，他不愿做郡吏，称病离职，仍旧回梁国担任梁王的文学侍从。武帝时期又加以征召，死于途中。　⑧少间：指病略微好转。

太子曰："烦！谨谢①客。"

客因称②曰："今时天下安宁，四宇和平，太子方富于年③。意者久耽安乐，日夜无极，邪气袭逆④，中若结轖⑤。纷屯澹淡⑥，嘘唏烦酲⑦，惕惕怵怵⑧，卧不得瞑⑨。虚中重听，恶闻人声⑩，精神越渫⑪，百病咸生。聪明眩曜⑫，悦怒不平⑬。久执不废，大命乃倾⑭。太子岂有是乎？"

太子曰："谨谢客。赖君之力，时时有之，然未至于是也。⑮"

客曰："今夫贵人之子，必宫居而闺处⑯，内有保母，外有傅父⑰，欲交无所⑱。饮食则温淳甘脆⑲，腥酮肥厚⑳；衣裳则杂遝曼煖㉑，燀烁热暑㉒。虽有金石之坚，犹将销铄而挺解也，况其在筋骨之间乎哉㉓？故曰：纵耳目之欲，恣支体之安者，伤血脉之和㉔。……今如太子之病者，独宜世之君子，博见强识，承间㉕语事，变度易意㉖，常无离侧，以为羽翼㉗。淹沈㉘之乐，浩唐㉙之心，遁佚㉚之

①谢：辞谢。　　②因称：就势说。　　③富于年：在时间上很充裕，即正当年轻。　　④袭逆：指侵入体内。逆，迎，受。　　⑤结轖（sè）：（心中）郁结堵塞。轖，通"塞"，阻塞。　　⑥纷屯澹淡：头脑昏乱心中烦闷的样子。　　⑦嘘唏：呻吟叹息。烦酲：烦闷如醉。酲，醉酒。　　⑧惕（tì）惕怵（chù）怵：惊恐的样子。　　⑨瞑：通"眠"，入睡。　　⑩这两句话的意思是：体内空虚，听觉不好，讨厌听到他人的声音。　　⑪这句话的意思是：精神（因为过度疲劳而）涣散。"越"和"渫"都是发散的意思。　　⑫这句话的意思是：视力和听觉都昏聩错乱。聪明，指视力和听觉。　　⑬不平：失衡。　　⑭这两句话的意思是：被疾病长期困扰不能摆脱，寿命即将终结。废，停止，这里是摆脱的意思。　　⑮这三句话的意思是：仰赖国君的力量，天下太平，所以能够长期沉溺于享乐，时时有这些症状，但还没有达到您描述的这种地步。　　⑯这句话的意思是：现在那些贵族子弟都深居宫殿之中。闺，宫中小门，这里也指宫殿。　　⑰傅父：即老师。　　⑱这句话的意思是：没有结交其他朋友的途径。　　⑲温淳：指口味厚重。脆（cuì）：柔嫩易破。　　⑳腥（chéng）：肥肉。酮（nóng）：醇酒。这些都是用以形容贵族日常饮食的奢侈丰盛达到了过分的地步。　　㉑杂遝（tà）：众多的样子。曼煖：轻细而温暖。　　㉒燀（xún）、烁、热、暑：都是热的意思。这些都是用以形容贵族的服装柔软温暖，十分舒适。　　㉓这三句话的意思是：即使有坚硬的金属与石头，也会（在这种环境中）被消融瓦解，何况它现在是施加在人的身体上？销铄，熔化。挺，动。　　㉔这三句话的意思是：放纵视听和肢体的安逸享乐，最终会损害人体血脉的调和。　　㉕承间：趁机。　　㉖这句话的意思是：使其胸襟和思想发生变化。　　㉗羽翼：辅佐之人。　　㉘淹沈：耽溺。沈，同"沉"，沉迷。　　㉙浩唐：同"浩荡"，纵情放肆。　　㉚遁佚：放纵。

志，其奚由至哉①！"

太子曰："诺。病已，请事此言②。"

客曰："今太子之病，可无药石针刺灸疗而已，可以要言妙道说而去也③。不欲闻之乎？"

太子曰："仆愿闻之。"

客曰："龙门之桐④，高百尺而无枝。中郁结之轮菌⑤，根扶疏以分离⑥。上有千仞之峰，下临百丈之溪。湍流溯波⑦，又澹淡⑧之。其根半死半生。冬则烈风漂霰飞雪之所激也⑨，夏则雷霆霹雳之所感⑩也。朝则鹂黄鸦鸣鸣焉⑪，暮则羁雌迷鸟宿焉⑫。独鹄⑬晨号乎其上，鹍鸡⑭哀鸣翔乎其下。于是背秋涉冬，使琴挚⑮斫斩以为琴，野茧之丝⑯以为弦，孤子之钩以为隐⑰，九寡之珥以为约⑱。使师堂操《畅》⑲，伯子牙为之歌。歌曰：'麦秀蕲兮雉朝飞⑳，向虚壑兮背槁槐，依绝区兮临回溪㉑。'飞鸟闻之，翕翼而不能去；野兽闻之，垂耳而不能行；蚑蟜蝼蚁闻之㉒，拄喙而不能前㉓。此亦天下之至悲也，太子能强起听之乎？"

①这句话的正常语序是"其由奚至哉"，意思是，它们能从哪里到来呢？　　②这句话的意思是：等我病好了，就照您的话去做。请，谦敬用语。　　③这三句话的意思是：现在太子的疾病可以不用药物针灸等手段来治愈，可以用精妙的言论与道理来去除。　　④龙门：山名，在今山西与陕西接壤处。桐：树名，古人常以此制琴。　　⑤郁结：隆起高耸的样子。轮菌：纹理迂曲的样子。　　⑥扶疏：四向分布伸展。　　⑦溯波：逆流的水波。　　⑧澹淡：水波摇荡的样子。　　⑨霰：小雪粒。激：激荡。　　⑩感：触碰。　　⑪鹂黄：黄鹂，也叫鸧鹒。鸦鸣（gān dàn）：鸟名，郭璞在《方言》注中说它"似鸡，冬无毛，昼夜鸣"，《礼记》中说它冬季不会鸣叫，郑玄说它又叫做"求旦鸟"。　　⑫羁雌：失群的雌鸟。迷鸟：迷失方向的鸟。　　⑬鹄：即黄鹄，喜欢栖息在桐树上。　　⑭鹍（kūn）鸡：凤凰。　　⑮琴挚：即师挚，鲁国乐师，因擅长弹琴，故称"琴挚"。　　⑯野茧之丝：野蚕茧的丝。　　⑰钩：带钩。隐：琴上的一种装饰。　　⑱九寡：《列女传》："鲁之母师，九子之寡母也。不幸早失夫，独与九子居。"珥：耳饰。约：琴徽。　　⑲师堂：古代乐师，孔子曾向他学过琴。《畅》：相传尧时琴曲名。　　⑳麦秀：指小麦结穗。蕲（jiān）：本义是麦芒，这里活用为动词，长出麦芒。　　㉑绝区：（路途）断绝的地方，指悬崖一类的地方。回溪：曲折的溪流。　　㉒蚑（qí）：虫名，一种蜘蛛。蟜（jiǎo）：一种毒虫。蝼（lóu）蚁：蝼蛄（gū）和蚂蚁。以上四种都泛指小虫。　　㉓拄：支撑。喙（huì）：嘴。

太子曰："仆病，未能也。"

答客难^①

东方朔^②

尽管许多地方将此篇视为散文，但它事实上颇具辞赋的特色。首先是借助主客问答的形式申说主题；其次是在具体论辩的地方，铺陈颇多，旁征博引，连类设辞；再次是在表达主题的方式上，刻意铺陈渲染其反面，形成一种主题与言语之间的权重倒错，这其实也是辞赋的特色之一。另外，本篇与宋玉的《对楚王问》^③，甚至与《楚辞》中的《渔父》都有明显的渊源关系。因此，完全可以将其视为西汉中期由楚辞向汉赋转型中的辞赋作品来欣赏。

客难^④东方朔曰："苏秦、张仪一当万乘之主^⑤，而身都^⑥卿相之位，泽^⑦及后世。今子大夫修先王之术，慕圣人之义，讽诵《诗》《书》百家之言，不可胜记，著于竹帛；唇腐齿落，服膺^⑧而不可释。好学乐道之效，明白甚矣。自以为智能^⑨海内无双，则可谓博

---

①答客难（nàn）：本篇题目的意思是"答覆客人的诘问"。　②东方朔（前154—前93），字曼倩，平原厌次（今山东省惠民县）人，西汉著名辞赋家。武帝刚即位时征召天下才士，他被破格选用为公车待诏，但俸禄微薄，地位低下。后来凭借诙谐幽默的口才得以接近天子，加之他博学多闻，常常以机智幽默的言辞委婉劝谏武帝，以此获得武帝喜爱，官至太中大夫。但实际上他类似于天子蓄养的为取乐而设的"俳优"，并无政治地位。因此，本文的核心主题也就可以理解，作者通过对客人关于主人富于学养却未显达的诘难作出回答，似乎大多数篇幅都在作今昔对比，以突出当今繁荣统一的社会环境与往昔的差异；再通过勤于学习者在当世沉沦的现实，将其说成"固其宜也"。事实上形成了一种反讽，其潜台词是正直贤能之士很难在当世获得实现自我价值的机会，而这样的社会很难说是一种理想社会。作者内在的批判态度就是通过这种委婉的方式来表达的。　③此篇过去一般都认为非宋玉作，故只称"旧题宋玉作"而已；但随着出土文献证明宋玉作品的本来面貌后，传世归为宋玉的作品基本可确认为其本人所作。因此，这更能佐证东方朔此作与宋玉作品之间的直接关联。　④难（nàn）：发问，诘难。　⑤这句话的意思是：当年苏秦、张仪一旦遇到大国的君主。当，遇到。　⑥都：居，处。　⑦泽：恩泽。　⑧服膺（yīng）：牢记胸中。　⑨智能：古今异义词，这里是智慧和才能的意思。

闻辩智矣。然悉力尽忠，以事圣帝，旷日持久，积数十年，官不过侍郎，位不过执戟①。意者尚有遗行邪②？同胞之徒③，无所容居，其故何也？"

东方先生喟然④长息，仰而应之曰："是故非子之所能备⑤。彼一时也，此一时也，岂可同哉？夫苏秦、张仪之时，周室大坏，诸侯不朝，力政⑥争权，相擒以兵。并为十二国，未有雌雄。得士者强，失士者亡，故说⑦得行焉。身处尊位，珍宝充内，外有仓廪⑧，泽及后世，子孙长享。今则不然：圣帝德流⑨，天下震慑⑩，诸侯宾服，连四海之外以为带，安于覆盂⑪。天下平均，合为一家。动发举事，犹运之掌。贤与不肖⑫，何以异哉？遵天之道，顺地之理，物无不得其所。故绥⑬之则安，动之则苦；尊之则为将，卑之则为虏；抗之则在青云之上，抑之则在深渊之下；用之则为虎，不用则为鼠。虽欲尽节效情⑭，安知前后？夫天地之大，士民之众，竭精驰说，并进辐凑⑮者，不可胜数。悉力慕⑯之，困于衣食，或失门户。使苏秦、张仪与仆并生于今之世，曾不得掌故⑰，安敢望侍郎乎？传曰⑱：'天下无害，虽有圣人，无所施才。上下和同，虽有贤

①执戟：手持兵器的侍从官。"官不过侍郎，位不过执戟"的话是韩信当年说自己在项羽处的遭遇。②这句话的意思是：(你得不到重用)想来大约是品行还有缺陷罢？遗行，指品行有缺点。　③同胞之徒：指的是亲兄弟。　④喟（kuì）然：叹息的样子。　⑤备：详细了解。　⑥力政：凭借武力互相征战。政，通"征"，征战。　⑦说（shuì）：游说。　⑧仓廪（lǐn）：储藏稻谷的叫仓，储藏大米的叫廪，此处泛指粮仓。　⑨这句话的意思是：圣明的皇帝（指汉武帝）德政流布天下。　⑩慑：同"慑"。⑪这两句话的意思是：将四方远地都连结为一体如带子一般，天下像倒放的盂盆那样安稳。　⑫不肖（xiào）：不贤，不好。　⑬绥（suí）：安抚。⑭尽节效情：向皇帝尽臣子的本分和忠诚。尽、效是同义词，都是尽力的意思。　⑮辐凑：也作"辐辏"，辐是车轮上的木条，呈发散状，古书中说一个轮子有三十条辐；辏是车轮中央用以使车轴穿过的圆孔，也叫"毂"。因此，辐辏即为车轮上众多木条向当中的圆孔汇聚来比喻人物众多而聚集。　⑯慕：向往，追求。　⑰曾（zēng）：竟然，这里表反问语气。掌故：太史官下掌管档案资料的小官。　⑱传（zhuàn）曰：古人引用儒家五经以外的书一般都可以称为"传曰"，这里泛指古人所说的话。

者，无所立功。’故曰：时异事异①。

"虽然，安可以不务修身乎哉！《诗》曰，'鼓钟于宫，声闻于外'②，'鹤鸣九皋，声闻于天'③。苟能修身，何患不荣？太公④体行仁义，七十有二，乃设用于文、武，得信厥说⑤，封于齐，七百岁而不绝。此士所以日夜孳孳⑥，修学敏行而不敢怠也。譬若鹡鸰，飞且鸣矣⑦。传曰，'天不为人之恶寒而辍其冬，地不为人之恶险而辍其广，君子不为小人之匈匈而易其行'，'天有常度，地有常形，君子有常行。君子道其常，小人计其功'⑧，《诗》曰：'礼义之不愆，何恤人之言⑨？' '水至清则无鱼，人至察则无徒。冕而前旒，所以蔽明；黈纩充耳，所以塞聪'⑩，明有所不见，聪有所不闻，举大德，赦小过，无求备于一人之义也。枉而直之，使自得之；优而柔之，使自求之；揆而度之，使自索之⑪，盖圣人之教化如此，欲其自得之。自得之，则敏且广矣。

"今世之处士⑫，时虽不用，块然⑬无徒，廓然独居。上观许由，下察接舆⑭；计同范蠡⑮，忠合子胥；天下和平，与义相扶。寡偶少徒，

---

①时异事异：这句话出自《韩非子》。　②这两句诗见于《诗经·小雅·白华》。　③这两句诗见于《诗经·小雅·鹤鸣》。　④太公：指姜太公。　⑤这句话的意思是：姜太公的计谋是在晚年才得到周文王的信任的。厥（jué），相当于"其"。　⑥孳孳：同"孜孜"，努力勤奋的样子。　⑦这里化用了《诗经·小雅·小宛》"题彼脊鸰，载飞载鸣"。鹡鸰（jí líng）是一种鸟，这里作者是用诗句字面意思，即鸟边飞边发出鸣叫声，来比喻人也应该不断修身学习，不断进步。　⑧这几段话引自《荀子·天论》，部分字句有些出入。　⑨这两句话的意思是：自己在礼义方面没有过错，何必忧虑别人的话？这两句诗不见于今本《诗经》中，但在《左传》中作为《诗经》的句子引用，属于佚诗。　⑩冕：帝王的礼帽。旒（liú）：礼帽前后下垂的以玉珠制成的玉串。黈纩（tǒu kuàng）：黄绵，用像丸一样大的黄绵悬挂在礼帽的两旁，象征君主不听谗言。以上六句又见于《大戴礼记·子张问入官》。　⑪这几句话的意思是：弯曲的要使它正直，但要使它自己转变；要宽容优厚地对待他，让他自己知道应该如何做；要揣摩情理开导他，让他自己去求得善。揆（kuí）和度（duó）都是推测的意思。这些话也见于《大戴礼记·子张问入官》。　⑫处士：本来指没有出仕的人，这里特指没有受到重用的人。　⑬块然：孤独的样子。　⑭许由、接舆：都是著名隐士，前者相传尧让天下于他，被其拒绝；后者则嘲笑过孔子。　⑮范蠡（lǐ）：越王勾践的重要谋士，功成身退，后来从商，号陶朱公。"蠡"作人名、地名时读上声（第三声）。

固其宜也^①。子何疑于予哉？若夫燕之用乐毅，秦之任李斯，郦食其^②之下齐，说行如流，曲从如环^③，所欲必得，功若丘山，海内定，国家安。是遇其时者也，子又何怪之邪？

"语曰：以管窥天，以蠡^④测海，以筳^⑤撞钟，岂能通其条贯，考其文理，发其音声哉？犹是观之，譬由鼱鼩^⑥之袭狗，孤豚之咋虎^⑦，至则靡耳，何功之有^⑧？今以下愚而非^⑨处士，虽欲勿困，固不得已。此适足以明其不知权变^⑩，而终惑于大道也。"

归田赋

张　衡^⑪

　　张衡不仅仅是地动仪的发明者，也是一位著名的辞赋家。本篇体制不大，且以抒发个人情感为主，被后人称为"抒情小赋"，在汉赋的发展史上有很重要的地位。它把专门供帝王贵族阅读欣赏的铺采摛文的大赋，转变为个人言志抒情的小赋，使作品有了作者的个性，风格也由雕琢堆砌趋于平易流畅。本篇句式短小灵活，类似于四六句的骈文格式，实开骈赋之先河。

---

①这两句话的意思是：（在这种天下太平的背景下）人很难遇到机会因而孤独失落，本来就是应该的。偶，遇合。固，本来。宜，应该。　②郦食其（yì jī）：汉高祖刘邦的谋臣。　③这两句话的意思是：他们的游说像水流一样被实行，君主像圆环一样被说服改变原来的观点而听从他们的话。　④蠡（lí）：用瓠瓜做成的水瓢。　⑤筳（tíng）：小竹。　⑥鼱鼩（jīng qú）：奚鼠，一种很小的动物。　⑦孤豚：小猪。咋（zé）：咬。　⑧以上六句话的意思是：就如奚鼠去攻击狗，小猪去咬虎，一遇到就会被消灭，会有什么结果呢？　⑨非：这里作动词，责难。　⑩权变：根据时事变化而有所变通，这是儒家非常强调的一种能力。　⑪张衡：东汉文学家、科学家，字平子，河南南阳西鄂（今河南省南阳市）人。曾在京师洛阳就读于太学。两度担任掌管天文历法的太史令，其间发明了模拟天象的浑天仪和据称能够报告远方地震方位的地动仪。同时，他也是东汉重要的辞赋家，他模拟班固创作了《二京赋》，这属于汉大赋中的都邑赋；但他在抒情小赋方面也有重要的贡献。此外，他在诗歌方面也有所成就。

游都邑以永久^①，无明略以佐时^②。徒临川以羡鱼，俟河清乎未期^③。感蔡子之慷慨^④，从唐生以决疑^⑤。谅天道之微昧^⑥，追渔父^⑦以同嬉。超埃尘以遐逝，与世事乎长辞^⑧。

于是仲春令月^⑨，时和气清。原隰郁茂^⑩，百草滋荣。王雎鼓翼^⑪，鸧鹒^⑫哀鸣。交颈颉颃^⑬，关关嘤嘤^⑭。于焉^⑮逍遥，聊以娱情。尔乃龙吟方泽，虎啸山丘^⑯。仰飞纤缴^⑰，俯钓长流。触矢而毙，贪饵吞钩。落云间之逸禽^⑱，悬渊沈之鲨鰡^⑲。

于时曜灵俄景^⑳，系以望舒^㉑。极般游^㉒之至乐，虽日夕而忘

---

①这句话的意思是：在京城洛阳滞留太久了。永，长，久，滞。　②这句话的意思是：自己没有明智的谋略用来辅佐君主。　③这句话的意思是：要等到政治清明如黄河变清一样大约是遥遥无期了。俟，等待。　④蔡子：指战国时燕人蔡泽。《史记》卷七九有传。慷慨：壮士不得志于心。　⑤这句话的意思是：为蔡泽的志气昂扬而感慨，（也想）找像唐举这样的人去看面相。蔡泽是燕国人，曾经不得志，找唐举相面，后来到秦国获得机会，担任秦相，相关事迹见《史记·范雎蔡泽列传》。　⑥谅：确实。微昧：幽暗，难以预料。　⑦渔父：特指《楚辞·渔父》中的渔父形象，是隐逸不论世事的典型形象。　⑧这两句话的意思是：超越如尘埃般的世界，远走他方归隐，和纷繁的世事永别。　⑨仲春：春季的第二个月，即农历二月。令月：美好的时节。　⑩原：平原。隰（xí）：低湿之地。　⑪王雎：鸟名，即王鸠。鼓翼：拍动翅膀。　⑫鸧鹒（cāng gēng）：鸟名，即黄鹂。　⑬颉颃（xié háng）：鸟上下翻飞的样子。　⑭关关嘤嘤：都是形容鸟叫的拟声词。　⑮于焉：在这里。　⑯这两句话的意思是：(我在这春光美好的田间逍遥）就像龙在大泽中吟啸，虎在山丘中咆哮一样（得其所哉）。方泽：大泽。　⑰纤缴（zhuó）：系了丝线的箭。　⑱逸禽：云间高飞的鸟。　⑲沈：同"沉"。鲨鰡（shā liú）：一种小鱼，常伏在水底沙上。　⑳曜灵：太阳。俄：斜。景：同"影"，日影。　㉑望舒：传说中为月亮驾车的仙人，这里代指月亮。　㉒般（pán）游：游乐。般，乐。

劬①。感老氏之遗诫②，将回驾乎蓬庐。弹五弦之妙指，咏周孔之图书。挥翰墨以奋藻③，陈三皇之轨模④。苟纵心于物外，安知荣辱之所如⑤？

恨　赋

江　淹⑥

> 　　这是一篇典型的骈赋，形式上则更为讲究声律属对，读起来音韵和谐，别具美感。"恨"是一种人类的普遍情感，将这种抽象的对象写进赋中，是江淹的贡献。他通过铺陈大量历史典型人物，并辅以景物的烘托，使这种悲凉慷慨的气氛不断蔓延，最终与"含恨"的主题融为一体。

　　试望平原，蔓草萦⑦骨，拱木⑧敛魂。人生到此，天道宁论⑨！

　　于是仆本恨人⑩，心惊不已。直念古者，伏恨而死⑪。至如秦帝按剑，诸侯西驰，削平天下，同文共规。华山为城，紫渊⑫为池。雄图既溢⑬，武力未毕。方架鼋鼍⑭以为梁，巡海右⑮以送日。

---

①劬（qú）：疲惫。　　②老氏之遗诫：指《老子》第十二章"驰骋田猎，令人心发狂"的话。　　③翰：毛笔。藻：辞藻。　　④陈：陈述。轨模：法度，法则。　　⑤这两句话的意思是：如果使自己的内心在复杂的世务之外驰骋，那么又怎么会去顾虑世俗的荣辱到底如何呢？所如，即何如。　　⑥江淹：字文通，济阳考城（今河南省民权县）人。南朝宋、齐时期著名文学家。据说六岁就能写诗，学习刻苦，虽然出身庶族，但颇有声誉。传说他曾经梦见东晋文学家郭璞来向他索要借出的五色笔，江淹归还后才思不如过去，因此有成语"江郎才尽"。　　⑦萦：缠绕。　　⑧拱木：特指墓前双手合抱的树，可见是有年岁的古墓。拱，双手合抱。　　⑨这句话的意思是：人到了死亡这个地步，难道还去在意天道凶吉？宁（nìng），难道，表示强烈的反问。　　⑩仆：第一人称的谦称。恨人：含恨之人。　　⑪这两句话的意思是：更加感念古代那些含恨而死的人。　　⑫紫渊：长安北面的一条河。　　⑬溢：膨胀。　　⑭鼋鼍（yuán tuó）：两种大型水栖动物，这里用以形容桥梁的巨大。　　⑮巡海右：指秦始皇巡行东部的举动。海右，面向南来看，大陆在东海、黄海的右边，故称。

一旦魂断①，宫车晚出。若乃赵王既虏②，迁于房陵。薄暮心动，昧旦神兴③。别艳姬与美女，丧金舆及玉乘。置酒欲饮，悲来填膺。千秋万岁，为怨难胜。

至如李君④降北，名辱身冤。拔剑击柱，吊影惭魂⑤。情往上郡，心留雁门⑥。裂帛系书，誓还汉恩⑦。朝露⑧溘至，握手⑨何言？若夫明妃⑩去时，仰天太息。紫台稍远，关山无极⑪。摇风忽起，白日西匿。陇雁少飞，代云寡色⑫。望君王兮何期？终芜绝兮异域⑬。

至乃敬通见抵⑭，罢归田里。闭关却扫，塞门不仕。左对孺人⑮，顾弄稚子。脱略公卿，跌宕文史⑯。赍志没地，长怀无已⑰。及夫中散⑱下狱，神气激扬。浊醪⑲夕引，素琴晨张。秋日萧索，浮云无

①魂断：代指帝王去世，下面"宫车晚出"也是这个意思，即所谓"晏驾"。　②赵王既虏：赵王被俘虏以后。赵王，指被秦始皇灭掉的赵国最后一位国君赵迁，他被秦军俘虏后被流放到房陵，房陵偏僻阻隔，自古就是流放重要政治犯的地点。　③这两句话的意思是：傍晚、清晨时分都会触及内心的伤情。　④李君：指西汉李陵。　⑤这两句话的意思是：与自己的影子互相安慰，对自己的行为感到惭恨。　⑥上郡、雁门：从秦至汉都设置的北方边境郡。　⑦这两句话的意思是：李陵曾经在寄给苏武的信件中表明愿意报效汉朝君主。　⑧朝露：指生命短暂如朝露。李陵曾经劝苏武说："人生如朝露，何久自苦如此？"　⑨握手：表示李陵、苏武离别的时候。　⑩明妃：指西汉王昭君。　⑪这两句话的意思是：皇宫越来越远，远方的关隘山川看不到边际。紫台，指皇宫。　⑫这两句话的意思是：北方的天际已很少有大雁飞过，就连天上的云都没有了色彩。陇、代，郡名，泛指北方。　⑬这两句话的意思是：再要见到君王要到什么时候呢？最终也只能远在他乡默默死去，化为草原的荒草。　⑭敬通：指东汉冯衍，字敬通，汉明帝认为他才过其实，不重用他，最终潦倒而死。见抵，被惩罚。　⑮孺人：原专指大夫的妻子，这里就指妻子。　⑯这两句话的意思是：轻视达官贵人，纵横于文史之中。脱略，轻视。跌宕（dàng），放纵，无拘束。　⑰这两句话的意思是：带着未实现的志向死去，长久地念及此事没有终止的时候。赍（jī），同"赍"，带着。　⑱中散：指西晋嵇康，官至中散大夫，故称。　⑲浊醪（láo）：浊酒。

新编中华文化基础教材·第十五册

光。郁青霞之奇意，入修夜之不旸^①。

　　或有孤臣危涕^②，孽子坠心^③。迁客海上，流戍陇阴。此人但闻悲风汩^④起，血下霑衿^⑤。亦复含酸茹^⑥叹，销落湮沈^⑦。若乃骑叠迹^⑧，车屯^⑨轨。黄尘匝^⑩地，歌吹四起。无不烟断火绝，闭骨泉里^⑪。

　　已矣哉^⑫！春草暮兮秋风惊，秋风罢兮春草生。绮罗毕兮池馆^⑬尽，琴瑟灭兮丘垄^⑭平。自古皆有死，莫不饮恨而吞声。

---

①这两句话的意思是：蕴藏着如青霞一般的高志，进入漫漫长夜不见光明。修夜，长夜。不旸（yáng），不明。　②危泣：悲伤地哭泣。危，悲伤、悲哀。　③孽子：庶子，即非正妻所生的孩子。坠心：深重的忧患之心。　④汩（yù）：迅疾的样子。　⑤霑衿：通"沾襟"。　⑥茹：吃，这里是吞下的意思。　⑦销落：散落。湮：埋没。沈：同"沉"，沉没。　⑧骑叠迹：马匹的足迹互相重叠，比喻车马很多。　⑨屯：聚集。　⑩匝（zā）：（烟尘等）弥漫。　⑪这两句话的意思是：没有人最终不是如烟火般熄灭，埋骨于九泉之下。　⑫已矣哉：算了吧。这是辞赋结尾的部分即"乱"开头的惯常用语。　⑬池馆：指生活的地方。　⑭丘垄：坟墓。

文史知识

赋

赋的起源至今尚无定论，但它与辞，尤其是战国至汉初极为兴盛的楚辞关系密切，无可否认。有人认为，早期的辞为祭祀、外交等辞令，后发展为一种用韵的文学形式，其中以屈原作品为代表的楚辞最为突出。但无论如何发展，它始终与音乐关系疏远，而以口头吟诵为主，这是它与早期诗的重要分野。同时，人们也注意到战国时期的《荀子》中有《赋篇》，说明"赋"在当时已作为一种文体。西汉之后，似乎辞、赋并无明确区别，屈原的部分作品也被冠以"赋"的名称。《汉书·艺文志》更是直接以"屈原赋"代指当时所见屈原的所有作品。因此，人们倾向于认为西汉之后辞赋可通用，这种说法为求简便一般来说并无不可。但是，《史记·屈原贾生列传》明确指出："屈原既死之后，楚有宋玉、唐勒、景差之徒者，皆好辞而以赋见称。然皆祖屈原之从容辞令，终莫敢直谏。"据此则辞、赋为两种不同的文体，且其主要区别应当是写作目的的差异，即"辞"带有明显的劝谏意味，而"赋"仅仅注重文采。这当然不是定论，但至少是太史公对这一问题的观点，值得重视。

西汉初期，赋的创作似乎与《赋篇》关系甚微，而是明显继承了楚辞。这一点不但在形式上表现为多用"兮"字和长短参差的句式，且在内容上也多与屈原有关。有人也曾据此来区分辞、赋两种文体，但后来更多的是把这类作品称为"骚体赋"。而汉赋的成熟，显然同时也是摆脱楚辞影响的过程，约在汉武帝至东汉时期。如以篇幅长短来分，有大赋和小赋之别。那些描写宫苑、田猎、都邑的鸿制巨篇，动则千言，被称为"汉大赋"。大都以描写国土的广阔，水陆物产的丰盛，宫苑建筑的华美，都市的繁荣，来颂扬皇帝的文治武功，而赋中对封建统治者的劝谕，与其说是为了讽谏，不如说是为了告慰道德上的遗憾。

大赋的写作其实在汉以后一直存在，但是再也不能达到其高峰时期的成就，这一方面是由于大赋夸张奇特的表现手法会迅速消耗读者的审美欲望，而作者为了炫耀自己的才学，往往使用大量生僻字和典故，像左思为了完成《三都赋》不惜花费十年时间在皇家藏书室搜集资料，这实际上偏离了文学创作的正轨，某种程度上使之成为了字典、典故集一类的作品；另一方面，随着时代的变迁，人们找到了更多文学形式，如诗歌就迅速取代了赋成为文学主流，这一点之后始终没有改变。因此，无论是之后在小赋基础上发展起来的骈赋（讲求对仗、声律、典故、辞藻的赋），抑或唐代借助进士科考试流行一时的律赋（进士科考试内容之一，是一种限定韵脚、字数和主题且讲求声律、对仗的赋），还是宋代兴盛起来的文赋（在形式上较为自由，增加议论、抒情内容的赋），尽管不乏佳构，但地位已经远不及汉赋了。

总之，赋作为一种较早出现的摆脱音乐而纯粹以语言作为形式来使读者获取审美快感的文体，在文学史上的地位不言而喻。在所有文体中，它是最能体现作者才学和天赋的，因此许多能写作赋的文人都将其排列在自己作品集的最前面。当然，赋所需要的那种铺张夸饰、汪洋凌厉的气势，正是少年时期的人们所具备的，因此我们的读者也不妨在阅读选作后进行仿作或创作。

思考与练习

1.《吊屈原赋》是贾谊留下的千古名篇，我们从注释中可以明白，作者与其说在凭吊屈原，不如说在为自己悲伤。你能从读过的其他作品中，找到类似的情形吗？与大家交流你的阅读体验。

2. 你认为《七发》中楚太子的病源在哪里？最有效的治疗方法是什么？联系当今现实，应如何看待物质生活和精神生活？

3. 东方朔睿智幽默，汉武帝却把他当作善于说笑的俳优看待，不肯重用。《答客难》中谈到过哪些历史人物，你觉得表达了东方朔怎样的内心情感？选择一个你最熟悉的与大家交流。

4.《归田赋》虽然很短，但却凝聚了张衡仕宦一生的感慨与情志。《后汉书·张衡传》记载，皇帝曾咨询担任侍从的张衡当时的政治得失，作恶已久的宦官立即怒目相对，张衡只好避而不谈，但之后还是被宦官中伤，调离职务。这种郁闷想必促使他对政治感到厌倦，请你注意《归田赋》中借景抒情的部分，寻找作者内心不断跳跃变化的感情曲线。

5.《恨赋》中作者写了哪几类恨，分别用了哪些典故，借助注释和老师的帮助，以列表的形式展示出来。在这些不同类型的恨之中，你认为哪一种是最强烈的？哪一种是最难以排遣的？和同学交流自己的看法。

第五单元

乱离时期的悲音——魏晋文学

单元导读

  从小我们就会背曹植的《七步诗》："煮豆燃豆萁，豆在釜中泣。本是同根生，相煎何太急？"关于其中兄弟情谊与权力斗争之间的故事，更令后人唏嘘不已。有意思的是，魏晋文学似乎跟"七"结下了不解之缘。"建安七子""竹林七贤"——这两大重要的魏晋文学标志性团体，在中国文学史上熠熠闪光，不仅是他们的文学成就，他们的遭遇和品格更发人深思。你听说过嵇康打铁，不理钟会，钟会诬陷嵇康，嵇康临刑奏《广陵散》的故事吗？你知道刘伶把天地当房屋住，把房屋当衣服穿是怎么回事吗？

  魏晋文学是乱世文学，开始于建安时期。建安是汉献帝的年号（196—220），但大部分时间政权实际上在曹操手中，东汉已名存实亡。此后三百多年，几乎没有多少安宁的时候。战乱、饥馑、瘟疫、分裂，政权更替，成为这个时期的主题，不知多少人为此丧命。文人既要适应战乱，又要应对改朝换代，一人前后属于两个朝代甚至三个朝代的情况很多见。敏感的作家们在战乱中最容易感受人生的短促、生命的脆弱、命运的难卜、祸福的无常、个人的无力，由此形成文学的悲剧性基调，以及作为悲剧性基调之补偿的放达。而后者又往往表现为及时行乐、放浪形骸。这种悲剧性的基调又因文人的政治处境而带上了政治的色彩，许多文人莫名其妙地被卷入政治斗争而遭到杀戮。

  魏晋文学最大的价值在于，一方面，中心政权的缺失使得文人失去可以依附的集团而处于自我价值的迷惘之中；另一方面，西汉中期开始确立的致力于将个体生命融入政治社会生活的儒家价值体系随着东汉王朝的终结趋于崩溃，越来越多的士人主动提出质疑和反抗，试图从那些以种种温情脉脉却又暗藏杀机的概念组成的社会关系中解脱出来，寻求自我存在的意义。他们为此找到了未曾失落的老庄哲学与新来东土的佛教作为新的思想资源。文学就此开始变为一种纯粹的个人行为，变成抒发个人生活体验和情感的有力工具。

　　本单元所指的魏晋文学，从时间上涵盖建安时期（196—220）、正始时期（240—249）、两晋和南北朝四个阶段。

选文部分

一、辞赋

洛神①赋（节选）

曹　植②

> 　　《洛神赋》是抒情赋的巅峰之作。全篇通过营造梦幻的境界，描写人神恋爱、分离的动人故事。洛神是位美丽多情的女神，节选部分描摹女神的形象，端庄秀丽、生动传神，极富美的感染力。这样的作品谈不上有什么实用价值，而纯粹是一种唯美的境界，因此最能引人联想。

　　其形也，翩若惊鸿③，婉若游龙④，荣曜秋菊，华茂春松⑤。髣

---

①洛神：古代传说宓（伏）羲氏的女儿淹死在洛水，成为洛水的神。　②曹植：字子建，三国魏著名文学家，曹操之子，建安文学代表人物，又是魏文帝曹丕之弟。他颇具天赋，少年时就显露了非凡的文学才能，并积极于事功。这使他颇得曹操喜爱。但文人气质很强的曹植为人任性，饮酒缺乏节制，事实上不容易成为一个政治家。最终使曹丕占据上风，成功继位。他因此受到曹丕父子的忌惮，后半生始终处于抑郁无助的状态中。他的诗歌、辞赋、散文等成就极高，被认为是建安文学事实上的核心。　③这句话的意思是：（洛神）体态轻盈矫健好像受惊起飞的鸿雁。　④这句话的意思是：（洛神）身形婉转流动好像空中飞动的龙。宋玉在《神女赋》中有"婉若游龙乘云翔"的句子，曹植此处加以借鉴。　⑤这两句话的意思是：（洛神）容貌美丽胜过秋天的菊花，身材挺拔丰盈好像春日焕发的青松。

髣^①兮若轻云之蔽月，飘飖兮若流风之回雪。远而望之，皎若太阳升朝霞；迫而察之，灼若芙蕖出渌波^②。襛纤得衷^③，修短合度^④。肩若削成^⑤，腰如约素^⑥。延颈秀项^⑦，皓质呈露^⑧。芳泽无加，铅华弗御^⑨。云髻峨峨，修眉联娟^⑩。丹唇外朗，皓齿内鲜^⑪。明眸善睐，靥辅承权^⑫。瓌姿艳逸，仪静体闲^⑬。柔情绰态^⑭，媚于语言。奇服旷世，骨像应图^⑮。披罗衣之璀粲兮，珥瑶碧之华琚^⑯。戴金翠之首饰^⑰，缀明珠以耀躯。践远游之文履^⑱，曳雾绡之轻裾^⑲。微幽兰之芳蔼兮^⑳，步踟蹰于山隅。

于是忽焉纵体^㉑，以遨以嬉^㉒。左倚采旄^㉓，右荫桂旗^㉔。攘皓腕于神浒兮，采湍濑之玄芝^㉕。

……

---

①髣髴：同"仿佛"，好像。　②灼：鲜明灿烂。芙蕖（qú）：即荷花。渌（lù）：清澈的。　③这句话的意思是：（洛神）身材胖瘦非常适中。襛（nóng），本义是衣服肥厚的样子，这里指身材丰腴。　④这句话的意思是：（洛神）身高非常符合美的标准。度，标准。　⑤这句话的意思是：双肩（窄而下垂）好像用刀削成的一样。这是古代通行的对美女的审美观念。　⑥约素：捆紧的绢帛。这里用以比喻腰部细而圆。　⑦延、秀：均指长。项：后颈。　⑧这句话的意思是：洁白的皮肤显露出来。呈，呈现。这句话完全取自司马相如的《美人赋》。　⑨这两句话的意思是：（洛神的美丽出于天然）无须使用以香草制成的头油，也不必施加用铅烧制的妆粉。芳泽，用香草与油脂制成的用以涂在头发上使之散发芳香的化妆品。铅华，古人使用的遮瑕的妆粉是以金属铅制成的。御，进，这里是使用的意思。　⑩这两句话的意思是：如云一般繁多的发髻高高耸起，修长的眉毛微微弯曲。峨峨，高耸的样子。联娟，叠韵联绵词，略微弯曲的样子。　⑪这两句话的意思是：外露的嘴唇鲜红亮丽，内含的牙齿洁白而有光彩。　⑫这两句话的意思是：明亮的眼睛流动生姿，酒窝恰到好处地长在颧骨之下。睐，本义是向旁边看，这里是指眼眸流转似含情的样子。靥（yè）辅，本义是脸部凹下的地方，长在两颊则就是今天所谓的酒窝。权（權），即颧骨。　⑬这两句话的意思是：美好的姿态艳丽而飘逸，安静而闲适。　⑭绰态：绰约多姿。　⑮这句话的意思是：（洛神）骨格形貌和画中的美人一样。　⑯珥（ěr）：本义是用作耳饰的圆形玉，这里是名词活用为动词，佩戴。瑶碧：《山海经》中传说沃人之国、和山出产的一种美玉。华琚（jū）：刻有花纹的玉。　⑰翠：翡翠。首饰：这里主要指的是头部饰物，后世词义扩大，可以泛指所有饰品。　⑱文履：饰有花纹图案的鞋。　⑲这句话的意思是：拖动着如雾般飘渺的丝织后裙摆。绡，生丝制成的织物。裾（jū），后裙边。　⑳微：隐。芳蔼：香气淡而悠远。　㉑纵体：身体轻举的样子。　㉒以……以……：又……又……。遨：游。　㉓采旄（máo）：彩旗。　㉔桂旗：用桂木做竿的旗；屈原在《山鬼》篇里有"辛夷车兮结桂旗"的句子。　㉕这两句话的意思是：（洛神）在水边伸出白皙的手腕，采摘激流中生长的黑色石芝。攘，本义是推，这里是指手伸出衣袖。浒（hǔ），水边。湍濑（lài），同义复词，湍急的水流。玄芝，传说中生长在靠海之山和岛屿边上的芝草，呈黑色。玄，黑色。

体迅飞凫①，飘忽若神。陵波微步，罗袜生尘②。动无常则，若危若安。进止难期，若往若还。转眄流精③，光润玉颜。含辞未吐，气若幽兰。华容婀娜，令我忘飧④。

登楼赋（节选）

王　粲⑤

作者生逢乱世，长期客居他乡，才能得不到施展，登楼远望，触景生情，思乡怀国之愁和怀才不遇之忧，不禁涌上心头。于是，对动乱时局的伤感，对国家和平统一的希望，自己渴望施展抱负、建功立业的心情，都借眼前之景抒发出来了。尽管"登高而赋"据称是孔子所言，但是登高临远而思乡怀人、感时忧世的文学传统，可以说是从《登楼赋》真正开始的。

登兹楼以四望兮，聊暇日以销忧⑥。览斯宇之所处兮，实显敞而寡仇⑦。挟清漳之通浦兮，倚曲沮之长洲⑧。背坟衍之广陆兮，临皋隰之沃流⑨。北弥陶牧，西接昭丘⑩。华实蔽野，黍稷盈畴⑪。

①凫（fú）：一种善飞的水鸟，俗称野鸭。　②这两句话的意思是：（洛神）踏着波浪小步前行，丝织的袜子行经之处溅起水沫（并不像一位神，而像是现实中的人）。袜，同"袜"，袜子。　③这句话的意思是：转动着的眼睛流转中显露出神采。眄（miǎn），斜视。　④飧：同"餐"，这里作动词，吃饭。　⑤王粲：字仲宣，山阳高平（今山东邹县）人，汉魏之间文学家。少时即有才名，有过目不忘之才，曾受到著名学者蔡邕的赏识。先投靠刘表，未被重用。后为曹操幕僚，备受重用，官拜侍中，赐爵关内侯。后跟随曹操征讨东吴，在途中病逝。　⑥这句话的意思是：暂且借今天的登览来消除一些忧愁吧。暇，通"假"，借。　⑦这两句话的意思是：四处观看这座楼宇所处的环境，其宽阔明朗确实很少有与之相比的。仇（qiú），匹敌。　⑧这两句话的意思是：（这座楼）地处漳水与沮水交汇的地方，靠着弯曲的沮水中的长洲边。　⑨这两句话的意思是：（这座楼）南北都是临水的低地，北面是一片平原，南面有一条河流。　⑩这两句话的意思是：（这座楼）向北一直可以看到春秋时期陶朱公范蠡的墓，向西一直可以看到楚昭王的坟丘。弥，极，这里指视线的终极。　⑪这两句话的意思是：绚烂的花果覆盖了原野，各种农作物长满了田间。畴，耕地。

虽信美而非吾土兮，曾何足以少留①？

遭纷浊而迁逝兮，漫逾纪以迄今②。情眷眷而怀归兮，孰忧思之可任③？凭轩槛以遥望兮，向北风而开襟④。平原远而极目兮，蔽荆山之高岑⑤。路逶迤而修迥兮，川既漾而济深⑥。悲旧乡之壅⑦隔兮，涕横坠而弗禁。昔尼父之在陈兮，有归欤之叹音⑧。钟仪幽而楚奏兮⑨，庄舄显而越吟⑩。人情同于怀土兮，岂穷达而异心⑪？

①这两句话的意思是：虽然（眼前的景色）的确美好，却终究不是我自己的故土，又怎么会吸引我在此稍作停留呢？曾（zēng），副词，竟然，在这里有轻微的反问语气。　②这两句话的意思是：我遭遇战乱才远离家乡来到遥远的这里，到现在为止已经过去十二年多了。纷浊，这里代指当时的战乱频繁。　③这句话的正常语序应该是"孰可任（此种）忧思"，即谁能够承受这种（想归乡却不能的）忧思呢？任，承受。　④这两句话的意思是：靠着窗户上的栏杆眺望远方，朝着（故乡来的）北风敞开胸襟。槛（jiàn），栏杆。　⑤这两句话的意思是：广袤的平原可以极目远望，（视线）却被高耸的荆山遮挡了。岑（cén），小而高的山。　⑥这两句话的意思是：（返乡的路途就像眼前的这）道路（一样）曲折，又远又长，水流动荡很难渡过。　⑦壅（yōng）：阻塞。　⑧《论语·公冶长》："子在陈，曰：'归与！归与！吾党之小子狂简，斐然成章，不知所以裁之。'"　⑨《左传·成公九年》记载，楚人钟仪被郑国作为俘虏献给晋国，晋侯让他弹琴，他的琴声依然保持楚国的乐风，范文子听说后称赞道："乐操土风，不忘旧也。"　⑩《史记·张仪列传》记载，庄舄（xì）在楚国做官多年，楚王派人去看时，他依然使用家乡的方言。　⑪这两句话的意思是：在思乡这一点上天下人都是一样的，怎么会因为或窘迫或显达的境遇而不同呢？

思旧赋（并序）

向 秀[1]

嵇康、吕安和向秀交谊深厚。嵇、吕被诬陷惨遭杀害后，向秀在统治者的高压下，被迫出任官职。当他经过亡友的旧居，听到邻人凄恻的笛声，不禁悲从中来，写下了这篇情深意切的作品。因为嵇康的被害是具有政治意味的，在当时尚属禁区，他只能以含蓄的笔法，简短的笔墨，隐晦曲折地表达自己哀伤与激愤之情。这可谓一种艺术独创，对后世文学有深远的影响。"山阳邻笛"的典故，哀怨愤懑，情辞隽远，也成为后世文学审美的意象之一。

余与嵇康、吕安居止接近[2]，其人并有不羁之才[3]。然嵇志远而疏，吕心旷而放[4]，其后各以事见法[5]。嵇博综[6]技艺，于丝竹特妙。临当就命，顾视日影，索琴而弹之。余逝将西迈[7]，经其旧庐。于时日薄虞渊[8]，寒冰凄然。邻人有吹笛者，发音寥亮[9]。追思曩昔游宴之好[10]，感音而叹，故作赋云：

将命适于远京兮[11]，遂旋反而北徂[12]。济黄河以泛舟兮，经山阳[13]之旧居。瞻旷野之萧条兮，息余驾[14]乎城隅。践二子之遗迹兮[15]，历穷巷之空庐。叹《黍离》之愍周兮，悲《麦秀》于殷墟[16]。

---

①向秀：字子期，魏晋之际哲学家、文学家，河内怀（今河南武陟西南）人。"竹林七贤"之一。曾经注释过《庄子》，但没有流传，据说郭象的注释中袭用了他的部分观点。　②嵇康：字叔夜，三国魏文学家，因官至中散大夫，世称嵇中散。吕安，字仲悌，东平（今山东东平县）人。魏景元三年，被兄长诬陷不孝，嵇康为之辩解。钟会与嵇康有过节，趁机进谗于司马昭，将两人杀害。居止：居住的地方。　③不羁：不受拘束，这里用来比喻才能出众。　④这两句话的意思是：嵇康志向高远，但疏于人事，吕安心性旷达，游离于世俗。　⑤以事见法：因为一些事被杀害。　⑥博综：广泛掌握（很多技能）。　⑦逝将：将要。迈：行。　⑧薄：迫近。虞渊：传说中的日落之处。"日薄虞渊"即黄昏时分。　⑨寥亮：即嘹亮。　⑩曩（nǎng）昔：从前。游宴：出游、聚会。　⑪将命：奉命。适：去往。　⑫旋反：指从洛阳回去。徂（cú）：行，往。　⑬山阳：嵇康原住在山阳嵇山之下。　⑭驾：车驾。　⑮二子：指嵇康和吕安。　⑯《黍离》《麦秀》：这两首诗歌都是抒发故国之思之痛的作品，这里作者用以表达物是人非、独自哀伤的沉痛感情。愍（mǐn）：通"悯"，同情。

惟①古昔以怀今兮，心徘徊以踟蹰。栋宇存而弗毁兮，形神逝其焉如②？昔李斯之受罪兮，叹黄犬而长吟③。悼嵇生之永辞兮，顾日影而弹琴。托运遇于领会兮，寄余命于寸阴④。听鸣笛之慷慨兮，妙声绝而复寻。停驾言其将迈兮⑤，遂援翰而写心⑥。

二、文

与山巨源绝交书（节选）

嵇 康

山涛是竹林之游的重要参与者，他比嵇康大十八岁，比阮籍大五岁，是竹林七贤中年辈较高者。他与司马氏关系密切，被要求出任其时已被司马氏操控的魏国的吏部郎，他曾提出将这一掌握人事大权的职位让给嵇康。嵇康对于时局多有不满，在写这封信时，刚发生了高贵乡公曹髦被公然刺死的惨剧。从他后来将自己的儿子嵇绍托付山涛来看，他的绝交信与其说是与山涛决裂，不如说是对于司马氏强权的公然反抗⑦。

又人伦有礼，朝廷有法，自惟至熟，有必不堪者七，甚不可者二⑧。卧喜晚起，而当关呼之不置，一不堪也⑨。抱琴行吟，弋

---

①惟：思念。　②焉如：去了哪里。焉，疑问代词，哪里。如，动词，去，往。这里是疑问代词的宾语前置。　③叹黄犬：李斯从狱中被押解出来时，跟他的次子走在一起。他回头对次子说："我想和你再牵着黄狗，一同上蔡东门外去打兔子，可哪里还有机会啊！"事见《史记·李斯列传》。吟：叹息。　④这两句话的意思是：（如李斯一样）将人生吉凶无常的际遇寄托在瞬间的领悟上，（如嵇康一样）把余生寄托在短暂而珍贵的片刻时间上。　⑤这句话的意思是：暂时停留的马车即将出发。驾，马车。言，语气词。　⑥这句话的意思是：提起笔来抒写自己的心境。　⑦参看徐高阮：《山涛论》，海豚出版社，2014年1月。　⑧这几句话的意思是：又考虑到人与人之间要讲究礼节，朝廷之上则有法度制约，我思考得很清楚，（要出来做官）我有七件事肯定不能忍受，有两件事非常不适合。惟，思考。　⑨这几句话的意思是：我睡觉喜欢晚起，但官府的门卒不停地呼叫办公，这是第一件不能忍受的事情。置，停止。

钩草野，而吏卒守之，不得妄动，二不堪也[①]。危坐一时，痹不得摇，性复多虱，杷搔无已，而当裹以章服，揖拜上官，三不堪也[②]。素不便书，又不喜作书，而人间多事，堆案盈机，不相酬答，则犯教伤义，欲自勉强，则不能久，四不堪也[③]。不喜吊丧，而人道以此为重，已为未见恕者所怨，至欲见中伤者，虽惧自责，然性不可化，欲降心顺俗，则诡故不情，亦终不能获无咎无誉，如此，五不堪也[④]。不喜俗人，而当与之共事，或宾客盈坐，鸣声聒耳，嚣尘臭处，千变百伎，在人目前，六不堪也[⑤]。心不耐烦，而官事鞅掌[⑥]，机务缠其心，世故繁其虑，七不堪也。又每非汤、武而薄周、孔，在人间不止，此事会显，世教所不容，此甚不可一也[⑦]。刚肠疾恶，轻肆直言，遇事便发，此甚不可二也[⑧]。以促中小心之性[⑨]，统此九患，不有外难，当有内病，宁[⑩]可久处人间邪？

---

①这几句话的意思是：我原本喜欢抱着琴边走边吟诵诗歌，在荒野之上射猎垂钓，现在却有几个随从跟着，不能随便行动，这是第二件不能忍受的事情。弋（yì），射箭。　②这几句话的意思是：做官就要端正地跪坐很久，腿脚酸麻了也不能摇动身体；我身上又多虱子，总要不停地抓痒，现在却一定要穿起繁复的官服，向上级作揖跪拜，这是第三件不能忍受的事情。痹（bì），同"瘰"，麻痹。杷（pá），本义是一种有齿的长柄农具，这里作动词，表示抓挠。　③这几句话的意思是：我向来不擅长写信，又不喜欢写信，但官场事务繁多，需要回复的公文信札堆满了几案，倘若我不予答复，就要违背礼教妨害名义，想要勉强自己，却又不能坚持很久，这是第四件不能忍受的事情。便（biàn），擅长。　④这几句话的意思是：我本不喜欢吊丧，但人们却视此为非常重要的礼节，我已经被那些不肯宽恕我的人记恨在心，甚至有因此想中伤我的人，虽然我也有所顾虑并责备自己，但本性难以改变，有时想抑制高昂的心气顺从世俗，却感到违背本心不能适意，最终也不能获取像现在这样既无罪过也无赞誉的境地，这是第五件不能忍受的事情。诡，违背。　⑤这几句话的意思是：我不喜欢世俗的人，（做了官）却一定要和他们共事，有时满座宾客，说话声嘈杂，身处如此喧嚣污浊的地方，还要每日面对各种变化心机，这是第六件不能忍受的事情。聒（guō），吵闹。伎（jì），技巧，这里引申为心机之巧。　⑥鞅掌：叠韵的联绵词，事务繁杂忙乱的样子。　⑦这几句话的意思是：我又经常非议（被儒家奉为圣主的）商汤和周武王，鄙薄（被统治者奉为圣人的）周公和孔子，如果做官后还不停止发表这种议论，那么这种事情一定会传扬出去，不能被礼教包容，这是我非常不适合做官的原因之一。会，一定。　⑧这几句话的意思是：我为人倔强，不容丑恶之事，轻率放肆，说话耿直，碰到令自己不快的事情就要发作，这是我非常不适合做官的原因之二。疾，通"嫉"，憎恨。　⑨促中：内心狭小。小心：心胸狭隘。二词同义。　⑩宁（nìng）：难道。

尺牍三通

王羲之

其一　丧乱帖

> 王羲之是东晋士族琅琊王氏的成员，由于北方战乱迁来南地，但先人坟墓无法迁走，这封短札中他就怀着痛苦之情诉说了祖坟两次遭到破坏的惨状，虽然立即派人修复，但是自己却无法立即前往，更感痛苦。字里行间可以感受到战争给人带来的灾难和无奈。

羲之顿首：丧乱[1]之极，先墓再离[2]荼毒，追惟[3]酷甚，号慕摧绝，痛贯心肝，痛当奈何奈何！虽即修复，未获奔驰[4]，哀毒益深，奈何奈何！临纸感哽[5]，不知何言。羲之顿首顿首。

其二　杂帖一

> 这封措辞有些凄凉的信大约是王羲之晚年所作，我们可以看到，每当天寒，风疾发作，使他十分痛苦，且持续时间长。他对自己身体的日渐衰弱十分担心，时时流露出对生命的叹息。而且风疾似乎已经影响了他的书写，他因此不常提笔，想必这也是他痛苦的另一重要原因吧。

吾涉冬节，便觉风动[6]，日日增甚。至去月十日，便至委笃[7]，事事如去春，但为轻微耳。寻得小差[8]，固尔不能转胜。沈滞进退，

---

①丧乱：时局动荡，战乱。　②离：通"罹"，遭受。　③追惟：追忆，回想。　④奔驰：指立即前往。　⑤感哽：感叹以至于哽咽。　⑥风动：风疾，这里可能是指冬天气候寒冷时发作的关节痛与身体麻痹等症。　⑦委笃：委靡严重起来。　⑧小差（xiǎo chài）：指病情稍好转。差，通"瘥"，病愈。

体气肌肉便大损，忧怀甚深。今尚得坐起，神意为复可耳。直①疾不除，昼夜无复聊赖②，不知当得暂有闲，还得□③其写不？如今忽忽日前耳。手亦恶欲，不得书示，令足下知问。

其三　杂帖二

大约这封信的对象也是个爱花人，但王羲之这么多年却从未真正看到过对方的荷花盛开，不禁感慨缘分的奇妙。他自己种植的荷花当年盛开，他也同样感叹无缘与对方共同观赏。居住不远，却无法会晤，不知有什么苦衷，让我们后来人也与他一同"怅惘"。

荷华④想已残，处此过四夏，到彼亦屡⑤，而独不见其盛时，是亦可讶，岂亦有缘耶？弊宇今岁植得千叶者数盆，亦便发花，相继不绝，今已开二十余枝矣，颇有可观，恨不与长者⑥同赏。相望虽不远，披对⑦邈未可期，伏□可胜怅惘耶！

---

①直：只是。　②聊赖：指精神上的寄托。　③此处一字无法辨认，用□表示，下面一封信也有这种情况。　④荷华：即荷花。　⑤屡：《说文》："屡，数（shuò）也。"这里是指到那里也有多次了。　⑥长者：尊称，当指收信人。　⑦披对：会面。

与陈伯之书①（节选）

丘　迟②

陈伯之，睢陵（今江苏睢宁）人。梁时为江州刺史，封丰城县公。梁天监元年（502）率部投降北魏，为平南将军，都督淮南诸军事。天监四年（505），梁武帝命临川王萧宏率军北征，陈伯之领兵对抗。萧宏命记室丘迟作此书私劝陈伯之归降。这封信最闪耀处就是以江南春天的美景和浓郁的乡情引动对方的故国之思，文辞委曲婉转，声情并茂。史载陈伯之于第二年三月在寿阳（今安徽寿县附近）率八千士兵降梁。

迟顿首，陈将军足下：无恙③，幸甚幸甚！将军勇冠三军，才为世出，弃燕雀之小志，慕鸿鹄以高翔。昔因机变化，遭遇明主④，立功立事，开国称孤⑤。朱轮华毂⑥，拥旄⑦万里，何其壮也！如何一旦为奔亡之虏，闻鸣镝而股战⑧，对穹庐⑨以屈膝，又何劣邪！

……

---

①陈伯之：南朝齐、梁时人，济阳睢陵人。年轻时即能武，为盗贼，后跟随同乡人车骑将军王广之屡建战功，在南朝齐末担任江州刺史这一要职，期间对抗后来的南朝梁武帝萧衍，后被迫投降归附。在梁武帝天监元年（502）率部投靠北魏。天监四年，临川王萧宏北伐，陈伯之领兵对敌，萧宏于是让丘迟写了这封信劝降。陈伯之在第二年三月率八千士兵在寿阳归降。其再度归附的原因当然主要是政治、军事方面的，但这封以骈体书写的信措辞华丽，委婉得体，颇具艺术性，因此被视为佳话。　　②丘迟：字希范，吴兴乌程（今浙江吴兴）人，历经南朝宋、齐、梁三朝。八岁便能写文章，颇有声名。梁武帝颇为器重他，先引为骠骑主簿，后来担任永嘉太守，据说因为不称职被弹劾，但武帝出于爱才，不予理睬。天监四年，萧宏北征，让丘迟随军担任幕僚，同时升任司空从事中郎，这封信就是在这期间写成的。他的文集已散逸，明代人从各种前朝书中辑录出《丘中郎集》。　　③无恙：没有忧愁困病，这是古人常用的问候语。　　④这两句话的意思是：过去您曾经懂得随机应变，因此得到英明的梁武帝的器重。指的是他在南朝齐末审时度势，最终选择归附梁武帝的事情。　　⑤开国称孤：指的是陈伯之在归附梁后"进号征南将军，封丰城县公，邑二千户"。从西晋开始，授予爵位时，都冠以开国之号，南朝沿袭这一制度，国君自称为"孤"，因此这样说。　　⑥华毂（gǔ）：装饰华丽的车马。毂，本指车轮中轴圆木，这里代指车马。　　⑦拥旄（máo）：指武将能够节制统领一方政治、军事。　　⑧鸣镝（dí）：响箭。股战：大腿发抖。　　⑨穹庐：原指草原民族居住的毡帐，这里代指陈伯之投降的北魏政权。

暮春三月，江南草长，杂花生树，群莺乱飞。见故国之旗鼓，感平生于畴日，抚弦登陴①，岂不怆悢②！所以廉公之思赵将，吴子之泣西河，人之情也③，将军独④无情哉？

与顾章书（节选）

吴　均⑤

所谓"谢病"，其实是罢官。有机会做官，就取功名富贵；失意了退隐，就寄情山水。这就是所谓的文人的"病"。作者所表示的归隐山谷之决心也属于这种情况。作者擅长描写山水风景，尤以小品书札见长，文笔清新脱俗，因而描写故乡石门山的景色异常精彩，富有情韵和灵趣，充分显示了作者运用和锤炼文字的功力：既有争霞蓄翠的浓重色彩，又有鹤唳猿啼的悠扬声韵，这一切又契合于作者获得自由的心境，从而创造了一个淡泊名利的隐逸世界。

仆去月谢病⑥，还觅薜萝⑦。梅溪⑧之西，有石门山者，森壁争霞⑨，孤峰限日⑩；幽岫⑪含云，深溪蓄翠⑫；蝉吟鹤唳，水响猿啼，

---

①抚弦：指手握弓箭。陴（pí）：城上的矮墙。　②怆悢（chuàng liàng）：悲伤。　③这三句话的意思是：当年廉颇想再回赵国担任将军以及吴起对着西河哭泣，都因为这是人之常情（即顾念旧情）啊！廉颇不为赵悼襄王信任，去了魏国，后来赵国屡遭秦国军事打击，赵王有意让他回去，他也希望再回赵国；吴起守西河（今陕西郃阳一带）而不被魏武侯信任，将其调任，他知道自己离开后此地就将被秦攻占，因此哭泣。两处典故分别见《史记》和《吕氏春秋》。　④独：难道。　⑤吴均：字叔庠，南朝梁文学家，史学家，吴兴故鄣（今浙江安吉县）人。他曾经因为私自撰写前朝史书，触犯忌讳，被梁武帝罢黜。顾章，作者的朋友，生平不详。　⑥仆：自己的谦称。去月：上月。谢病：因病辞职。　⑦薜萝（bì luó）：即薜荔和女萝，植物名。屈原《山鬼》中有"若有人兮山之阿，披薜荔兮带女萝"的句子，因此"还觅薜萝"就是准备隐居山中的意思。　⑧梅溪：水名，在今浙江安吉境内。　⑨这句话的意思是：阴森陡峭的山崖和天上的云霞争高。　⑩这句话的意思是：耸立的高峰遮住了阳光。限，阻碍。　⑪幽岫（xiù）：幽深的山间。岫，本义是山洞，这里指山间，与《归去来兮辞》中"云无心以出岫"的用法一致。　⑫翠：代指清澈碧绿的水。

新编中华文化基础教材·第十五册

英英①相杂，绵绵②成韵。既素重幽居，遂葺宇其上③。幸富菊花，偏饶竹实④。山谷所资，于斯已办⑤。仁智所乐⑥，岂徒语⑦哉！

哀江南赋序

庾　信

　　"庾信文章老更成，暮年诗赋动江关"，这是杜甫对庾信的评价。《哀江南赋》是作者滞留北朝，遭受家国之痛的背景下，写作的沉痛之词。这篇序言讲述了他的悲惨晚景，和对故国思念而不得的痛苦。大量用典，尽管增加了欣赏的难度，但字里行间的悲怆之气，却汩汩而出。

　　粤以戊辰之年⑧，建亥⑨之日，大盗移国⑩，金陵瓦解。余乃窜身荒谷⑪，公私涂炭。华阳奔命，有去无归⑫。中兴道销⑬，穷于甲戌⑭。三日哭于都亭⑮，三年囚于别馆⑯。天道周星，物极不反⑰。傅燮⑱之但悲身世，无处求生；袁安⑲之每念王室，自然流涕。昔桓

①英英：同"嘤嘤"，拟声词，形容虫鸟的鸣叫声。　②这句话的意思是：声音悠远绵长，形成一种美妙的韵律。绵绵，声调悠长的样子。　③这两句话的意思是：既然一直向往隐居生活，于是就在石门山上修建房屋。重，这里是向往的意思。　④这两句话的意思是：幸好菊花和竹实特别多。偏，特别。竹实，又名竹米，山中物产。　⑤这两句话的意思是：山谷中提供的（隐居生活的）物品，这里都已具备。斯，这。办，具备。　⑥仁智所乐：代指山水之乐。《论语·雍也》："智者乐水，仁者乐山。"　⑦徒语：空话。　⑧粤：发语词，相当于"曰""惟"。戊辰：即梁武帝太清二年（548）。　⑨建亥：指农历十月。　⑩大盗移国：指侯景叛乱，梁武帝被害。　⑪窜：隐匿。荒谷：指江陵。　⑫华阳：即华山之南，作者于梁元帝承圣三年（554）自江陵取道华山出使当时的西魏首都长安，后因江陵陷落，滞留北方。　⑬中兴：指梁元帝平定侯景叛乱。　⑭甲戌：指甲戌年（554）南朝梁被魏所灭，梁元帝投降，后遇害。　⑮三日哭于都亭：三国蜀罗宪驻守永安城，后主刘禅降魏之后在都亭痛哭三日。　⑯三年囚于别馆：因梁灭亡，本有使者身份的作者不能继续居住于使馆，只能迁往别馆。　⑰这两句话的意思是：按照天道，岁星每十二年绕天一周，然而（梁的国运）却没能物极必反。　⑱傅燮（xiè）：字难容，灵州人，东汉末汉阳太守，坚守城池阵亡，谥号为"壮节侯"。　⑲袁安：字邵公，汝阳人，东汉末任司徒，因天子幼弱、外戚专权，每与人谈国事则痛哭。

君山^①之志事，杜元凯^②之平生，并有著书，咸能自序。潘岳之文采，始述家风^③；陆机之辞赋，先陈世德^④。信年始二毛^⑤，即逢丧乱，藐是流离，至于暮齿。《燕歌》^⑥远别，悲不自胜；楚老^⑦相逢，泣将何及！畏南山之雨，忽践秦庭^⑧；让东海之滨，遂餐周粟^⑨。下亭漂泊，高桥羁旅^⑩。楚歌非取乐之方，鲁酒无忘忧之用。追为此赋，聊以记言，不无危苦之辞，惟以悲哀为主。

日暮途远，人间何世！将军一去，大树飘零^⑪。壮士不还，寒风萧瑟^⑫。荆璧睨柱，受连城而见欺^⑬；载书横阶，捧珠盘而不定^⑭。锺仪君子，入就南冠之囚^⑮；季孙行人，留守西河之馆^⑯。申包胥之顿地，碎之以首^⑰；蔡威公之泪尽，加之以血^⑱。钓台移柳，

---

①桓君山：东汉桓谭，君山是他的字，他著有《新论》二十九篇。　②杜元凯：西晋杜预，元凯是他的字，他为《春秋左氏传》做了注释。　③潘岳：字安仁，荥阳中牟人，他写有《家风诗》。　④陆机著有《祖德赋》《述先赋》。　⑤二毛：头发有黑白二色，指半老。　⑥燕歌：王褒曾写作《燕歌》，梁元帝和许多文士包括作者本人都有唱和之作，这些作品都着力铺陈北方的恶劣天气，后来梁元帝在江陵兵败投降身死，这些作品被认为是灾祸之谶。　⑦楚老：指西汉末龚胜，字君实，是楚地人。他颇有名望，被篡汉的王莽征召而不愿出仕，为报答汉朝的恩德，绝食十四天而死。作者也因文学之名而无奈滞留北周。　⑧这两句话的意思是：原本惧怕为声名所累，现在却为国来到西魏的首都长安。典故出自刘向《列女传·陶答子妻》，说南山有一种玄豹（即身体黑色的豹子），在大雨和雾气中七天，却不吃东西，想要使自己的毛色润泽形成花纹，用以隐蔽自己。　⑨这两句话的意思是：原本像伯夷、叔齐那样不计较权位，而今竟然无奈只能选择在北周为官。这里显然化用了伯夷、叔齐"义不食周粟"的典故。　⑩这两句话的意思是：远离故土，寄寓他乡，孤苦飘零，难以遣怀。这里分别使用了东汉孔嵩寄住下亭马匹被盗与梁鸿投靠高桥大族的典故，事见《后汉书》。　⑪这里用了东汉冯异常栖大树之下从不论功因而被称为"大树将军"的典故，事见《后汉书》本传。　⑫这里用了荆轲易水离别的典故，事见《史记》。　⑬这里用了蔺相如奉和氏璧出使秦国遭到对方欺骗的典故，事见《史记》。　⑭这里用了毛遂在平原君与楚王合纵盟会僵持之时按剑逼迫楚王最终成功的典故，事见《史记》。　⑮这里用了楚国的锺仪被长期羁押在晋国却保持楚国习惯和音乐风格的典故，事见《左传·成公七年》。　⑯这里用了季孙被晋国扣留，晋国在西河为其设立住处的典故，事见《左传·昭公十三年》。　⑰这里用了吴国攻打楚国即将攻破郢都，申包胥在秦国痛哭七天终于使秦哀公答应出兵救楚的典故，事见《左传·定公四年》。　⑱这里用了蔡威公因国将亡而痛哭，泪尽后继之以血的典故，事见刘向《说苑》。

非玉关之可望①；华亭鹤唳，岂河桥之可闻②！

孙策以天下为三分，众才一旅；项籍用江东之子弟，人惟八千。遂乃分裂山河，宰割天下。岂有百万义师，一朝卷甲，芟夷斩伐，如草木焉？江淮无涯岸之阻，亭壁无藩篱之固。头会箕敛者，合从缔交③；锄耰棘矜者，因利乘便④。将非江表王气，终于三百年乎！是知并吞六合，不免轵道⑤之灾；混一车书⑥，无救平阳⑦之祸。呜呼！山岳崩颓，既履危亡之运；春秋迭代，必有去故之悲。天意人事，可以悽怆伤心者矣！况复舟楫路穷，星汉非乘槎可上⑧；风飙道阻，蓬莱无可到之期。穷者欲达其言，劳者须歌其事。陆士衡闻而抚掌，是所甘心⑨；张平子见而陋之，固其宜矣⑩。

---

①移：有的版本作"杝（yí）"，杝柳，即蒲柳。一般认为这里用了陶侃镇守武昌多种柳树的典故，而玉门关代指滞留北方的自己；但有可能运用了桓温见昔日亲手种植的柳树都已十围悲叹"木犹如此，人何以堪"的典故；也有可能指曾经担任过西汉移中监的苏武，他之后长期滞留关外不得返回汉朝的遭遇与作者相似。　②这里用了陆机在河桥兵败，被害前感慨难以再听到家乡华亭（今属上海松江地区）鹤唳的典故，事见《世说新语》。以上典故都表达了作者出使长安，本期待有所匡救，却遭遇变故，故国残破，滞留北方，无法回归的痛苦。　③这两句话的意思是：那些原本按人头计算、用畚箕装载粮食交纳赋税的底层之辈，现在却起势掌握权力。　④这两句话的意思是：那些出身卑微的人，却趁梁衰亡之机获取好处。锄、耰（yōu）、棘、矜都是农具，这与前句"头会箕敛"都是指出身低微的陈霸先建立南朝陈。　⑤轵（zhǐ）道：这是刘邦攻陷关中，秦王子婴投降的地方，这里指梁元帝投降于江陵。　⑥混一车书：指秦始皇统一中国后"书同文，车同轨"的政策。　⑦平阳：西晋两代皇帝在此被害，这里指梁武帝、梁元帝相继被害。　⑧这里用了东汉有人在八月乘浮槎历经千余日后，到达天河的传说，事见张华《博物志》。槎（chá），木筏。　⑨陆机初闻左思欲作《三都赋》时向其弟陆云抚掌大笑，这里是说自己的这篇《哀江南赋》倘若被西晋的作赋高手陆机嘲笑，也将感到满足。⑩据说张衡对班固《两都赋》中故意抬高长安贬抑洛阳的内容感到不满，后创作了《二京赋》，这里是说自己的作品如果被东汉的辞赋大家张衡鄙视，本来就应该如此。

三、诗歌

咏怀诗（选三）

阮　籍

其　三

美好的事物总是与短暂相伴，这是一种人类普遍具有的悲感意识。也许从人类意识到自己生命的永恒局限性的那一刻起，这种悲情就与我们同在了。作者从自然的代谢中感悟到自身的遭遇，由此生出远遁自保的情绪，但无奈与恐惧始终占据着全诗。

嘉树下成蹊^①，东园桃与李。

秋风吹飞藿^②，零落从此始。

繁华有憔悴^③，堂上生荆杞^④。

驱马舍之去，去上西山趾^⑤。

一身不自保，何况恋妻子^⑥？

凝霜被野草，岁暮亦云已^⑦。

其十五

孔子"十五而志于学"，在年轻时总是希望通过奋斗取得成功。但自身的努力终究需要时代的回应，一旦这种联系被斩断，就会感到生命的空虚与孤独。

---

①嘉树：美好的树木。蹊：路径。　②藿：《说文》："藿，豆之叶也。"　③这句的意思是：盛开的花朵（虽然美好）但是终有凋谢憔悴的一天。繁华，即繁花。　④荆杞：即荆棘和枸杞，因为都生有刺，在古代被视为不好的树木。有人认为此处即喻指奸臣。　⑤西山：指伯夷、叔齐隐居之处。趾：即山脚。　⑥这两句的大意是：躲避迫害，隐居山林，尚恐不能自保，更谈不上留恋家人了。　⑦这两句的大意是：冰霜覆盖了曾经繁盛的野草，时光已经到了年末，我的生命恐怕也将随之而衰落吧。

新编中华文化基础教材·第十五册

昔年十四五，志尚好书诗①。

被褐怀珠玉②，颜闵③相与期。

开轩临四野，登高望所思。

丘墓④蔽山冈，万代同一时⑤。

千秋万岁后，荣名安所之？

乃悟羡门子⑥，噭噭今自嗤⑦。

其七十九

> 这只凤凰如此爱惜自身，却又如此孤独、悲伤，它只有选择远适他乡，但在远方自己的价值也失却了意义。它不就是作者自己的象征吗？这不得不让人感慨，生不逢时也许是最无奈的命运吧。

林中有奇鸟，自言是凤凰。

清朝饮醴泉⑧，日夕栖山冈。

高鸣彻九州，延颈望八荒⑨。

适逢商风⑩起，羽翼自摧藏。

一去昆仑西，何时复回翔？

但恨处非位⑪，怆悢⑫使心伤。

---

①书诗：指《尚书》《诗经》，此处泛指儒家经典。　②这句话的大意是：不注重外在却因志向高远而积淀深厚。被，通"披"，穿着。褐，指粗布衣服。　③颜闵：即颜回和闵损，孔子的弟子，都因道德高尚列在孔门德行科。闵损，字子骞，《论语》中孔子也呼其字，较为少见。　④丘墓：即坟墓。　⑤这两句的大意是：看着漫山遍野的古人留下的坟墓，想到古今无论是谁，生命总要终结，而同归坟墓。　⑥羡门子：名子高，传说中燕国的仙人，曾为秦始皇访求。　⑦这两句的大意是：（现在有了这样的经历）才明白古时所谓仙人并非真的游仙，而是求自保而已，想到自己过去汲汲功名，真是可笑。噭（jiào）噭，有人认为应该作"嗷嗷"，大笑的样子。　⑧醴（lǐ）泉：甘泉。　⑨延：伸。八荒：即八方，泛指周围极远之处。　⑩商风：秋风。　⑪这句话的意思是：只是遗憾凤凰所处的时代、地点不恰当（以至于不能施展抱负）。　⑫怆悢（chuàng liàng）：悲伤。

门有车马客行

陆　机

陆机远离故土来到洛阳追寻建功立业的机会，但是官场险恶，不由他不对故乡魂牵梦绕，以至于面对同乡，激动得不知所措。谈话大抵是说今昔之变，旧时亲友老者多已去世，时移世易，只看到死亡在逼近。人的生命意识在这样的背景下尤能彰显。

门有车马客，驾言发故乡。

念君久不归，濡迹①涉江湘。

投袂赴门涂，揽衣不及裳②。

拊膺③携客泣，掩泪叙温凉。

借问邦族间，恻怆论存亡。

亲友多零落，旧齿④皆凋丧。

市朝互迁易，城阙或丘荒⑤。

坟垄日月多，松柏郁芒芒。

天道信崇替⑥，人生安得长！

慷慨惟⑦平生，俛仰⑧独悲伤。

---

①濡（rú）迹：停留，滞留。　　②这两句诗的意思是：(久居他乡，忽然听闻故乡来人，激动得）立即挥袖跑到门口的路上，只披起了上衣，连下裙都没来得及穿。　　③拊膺（fǔ yīng）：拍打胸口，表示非常哀伤。　　④旧齿：年老有威望之人。　　⑤这两句诗的意思是：百姓所居之街市与皇家的宫廷（因为朝代更迭而）互相变化，（因为战乱）有些大城市变成一片废墟。　　⑥信：确实。崇替：崇，兴盛；替，衰亡。这里指天道的确是在兴衰之间不断轮回。　　⑦惟：思考。　　⑧俛（fǔ）仰：同"俯仰"，形容时间很短。

石门岩上宿

谢灵运

谢灵运是山水诗的开创者和最重要的代表人物，他使自然风光成为诗人自觉描摹的审美对象，从而冲淡了此前诗歌中弥漫的说理过多的枯涩之感，使诗歌的表现力进一步增强。本诗写山中的悠然，着重写月色之下朦胧的山景，抒情主人公刻意淡化视觉角度，而突出听觉的诸种绝妙感受，令人不禁心驰神往。

朝搴苑中兰，畏彼霜下歇①。

暝还云际宿，弄此石上月②。

鸟鸣识夜栖，木落知风发③。

异音同致听，殊响俱清越④。

妙物莫为赏，芳醑谁与伐⑤？

美人竟不来，阳阿徒晞发⑥。

---

①这两句诗的意思是：清晨采摘花园中的兰花，怕它在严霜摧折之下凋零。搴（qiān），摘取。　②这两句诗的意思是：傍晚回到白云深处居住，在山间欣赏夜月。　③这两句诗的意思是：（夜晚一片黑暗）鸟鸣叫后才知道树上栖息着鸟雀，听到叶落之声才知道山中起风了。　④这两句诗的意思是：夜晚山中的各种声响都极为动人，每一种声音都清脆悠长。　⑤这两句诗的意思是：山中如此美好的景色却无人与我同赏，杯中的美酒也无人与我共饮。醑（xǔ），美酒。伐，夸耀。　⑥这两句诗的意思是：等待之人一直不来，使我等到天明，只能让朝阳晒干我潮湿的头发了。这里化用了《楚辞·九歌·少司命》中"与女沐兮咸池，晞女发兮阳之阿。望美人兮未来，临风恍兮浩歌"的句子。阳阿，传说中太阳升起经过的山，这里指所居住的山石之上。

代出自蓟北门行

鲍　照

边塞诗在唐诗兴盛的过程中起过至关重要的作用，而唐代诗人在这一方面可以取法的对象中，最主要的就是鲍照。本诗从危机写起，到士兵行军，再到边地艰苦，最后表达对国家的忠诚。这样的体制在唐代的边塞诗中也一样发挥着重要的功能。

羽檄起边亭，烽火入咸阳。

征师屯广武①，分兵救朔方。

严秋筋竿劲，虏阵精且强②。

天子按剑怒，使者遥相望。

雁行缘石径，鱼贯度飞梁③。

箫鼓流汉思，旌甲被胡霜④。

疾风冲塞起，沙砾自飘扬。

马毛缩如猬，角弓不可张⑤。

时危见臣节，世乱识忠良。

投躯报明主，身死为国殇。

---

①广武：今河南省荥阳市东北，也有说法认为在今山西省代县以西。　②这两句诗的意思是：深秋时节，气候干燥，弓箭强劲；敌军士卒精良，战斗力很强。严秋，深秋。筋（jīn）竿，这里指弓箭。③这两句诗的意思是：（行军的士兵）沿着石路如大雁般按次序行进，像水中的鱼一般一个个跨过桥梁。　④这两句诗的意思是：军营中奏响的乐音流露着士兵对家国的思念，旌旗和铠甲上落满了胡地的霜雪。　⑤这两句诗的意思是：（边地苦寒）马毛竖起像刺猬一样，士兵冷得无法拉开角弓。猬，同"猬"。

晚登三山还望京邑①

谢 朓

这是作者离开故乡京城建康外任宣城太守时写的诗，是一首登高之作。五到八句的景物描摹如入画境，自然风光带来的欢愉更强烈地刺激了人世之中的烦恼和危机，因此结尾反而落入伤感之中。

灞涘望长安，河阳视京县②。

白日丽飞甍，参差皆可见③。

余霞散成绮，澄江静如练④。

喧鸟覆春洲，杂英满芳甸⑤。

去矣方滞淫，怀哉罢欢宴⑥。

佳期怅何许⑦，泪下如流霰⑧。

有情⑨知望乡，谁能鬒⑩不变？

①这里的"三山"即李白《登金陵凤凰台》中"三山半落青天外"的"三山"，今已不存；京邑即建康，今南京市。　②这两句诗的意思是：（我在三山遥望京城，正如古人）在灞河边眺望长安，和黄河北岸远望都城一样。这两句化用了王粲《七哀诗》中"南登灞陵岸，回首望长安"的句子。　③这两句诗的意思是：阳光照耀，使高楼更鲜丽；屋宇参差，远远都可望见。　④这两句诗的意思是：晚霞绵延，绚烂好似彩绸；江水缓流，澄澈宛如白练。　⑤这两句诗的意思是：江鸟鸣叫，停满春日洲渚；野花缤纷，开遍萋萋郊野。　⑥这两句诗的意思是：徘徊流连之时，却不得不离开了；欢愉的宴会结束之后，心中久久思念。滞淫，即淹留、久留之意。怀，思，这里的"怀哉"化用了《诗经·王风·扬之水》中"怀哉怀哉，曷月予还归哉"的句子。　⑦何许：即"何所"，在哪里。　⑧霰（xiàn）：小冰粒，这里用来比喻泪珠。　⑨有情：深情之人。　⑩鬒（zhěn）：黑发，这里指谁能一直保持黑发而不变老呢？

之宣城郡出新林浦向板桥

谢　朓

> 　　来到风景如画的宣城，确实让作者心胸开朗起来，自然风光永远是士人的安慰。远离建康，他已经没有了离开故土的伤感，而更多的是逃离是非之地的庆幸。然而，命运弄人，他最终还是在混乱政局中被害，辜负了宣城的山水。

江路西南永①，归流东北骛②。

天际识归舟，云中辨江树。

旅思倦摇摇③，孤游昔已屡④。

既欢怀禄情，复协沧洲趣⑤。

嚣尘自兹隔，赏心于此遇。

虽无玄豹⑥姿，终隐南山雾。

拟咏怀二十七首（其十八）

庾　信

> 　　庾信有家国之痛，尽管在北朝位居高位，但心中却始终难以释怀。残月、新秋、露水、流萤，这些凄切飘忽的意象连续出现，使其最终的自我宽慰显得如此苍白无力。

---

①永：长。　②骛（wù）：奔，这里指奔流。　③摇摇：忧虑而神思不定。　④屡：经常。　⑤这两句诗的意思是：（出任风景如画的宣城太守）既能为官享受爵禄，又能满足隐逸的情怀。怀禄，心怀官场利禄。沧洲，泛指隐逸之所。　⑥玄豹：代指怀才畏惧祸患而退避隐居之人。典故出自刘向《列女传·陶答子妻》，见本单元《哀江南赋序》的相关注释。

寻思万户侯，中夜忽然愁①。

琴声遍屋里，书卷满床头。

虽言梦蝴蝶，定自非庄周②。

残月如初月，新秋似旧秋。

露泣连珠下，萤飘碎火流③。

乐天乃知命，何时能不忧？

秋 日

庾 信

这是一首悲秋的小诗，黄昏、远望、深秋、残菊，在微小的格局里安排下种种具有典型抒怀功能的意象，使抽象的羁旅之愁带有了具象的背景，从而进入一种意境。

苍茫望落景④，羁旅对穷秋⑤。

赖有南园菊，残花足解愁。

---

①这两句诗的意思是：夜半想到此生万户侯之功业难成，忽然心生无限忧愁。　②这两句诗显然化用了《庄子》中庄周梦蝶的典故。　③这两句诗的意思是：露水滴落，宛若连珠，如泣如诉；流萤飘飞，光如微火，随处流动。　④落景：夕阳。　⑤穷秋：深秋时节。

文史知识

一、骈文

骈文在中国古典文学中是与散文相对而言的一种文体。其实文章创作中本来无所谓散文，因为作者自然抒写情怀，表达观点，自然成文，句子有长有短，有奇有偶，并没有一定的规则。换言之，自然写就的质朴的文章就是散文。骈文是后出的文体，它是出于人们对美感的追求，并且在不断创作的过程中总结经验，从而形成的一种美文。

骈文的基本特征有四个方面：

第一，多用偶数句，往往以两句作为一个基本表义单位。这是骈文得名的原因，"骈"的本义用《说文解字》的说法就是"驾二马也"，即两匹并行的马匹，因而可以引申为两物并列。这说明，两两相对的句式是骈文得以成立的基础。比如本单元所选的《与顾章书》中"蝉吟鹤唳，水响猿啼；英英相杂，绵绵成韵"，再如曹植的《魏德论》中"元气否塞，玄黄愤薄。星辰乱逆，阴阳舛错。国无完邑，陵无掩骸。四海鼎沸，萧条沙漠"，这些都是典型的对句。另外，在句式上齐、梁时期作家开始总结出"四六句式"，这是对古代汉语习惯的一种体认，当时人们认识到，文章中句子的长短的极限在七字和三字，因此最佳的句式是四言和六言的组合（当然其它句式也会掺杂使用以起到调节文势的作用）。对此有一个认识过程，早期的骈文在四言句子的使用上基本形成了共识，如西晋李密的《陈情表》中"既无伯叔，终鲜兄弟，门衰祚薄，晚有儿息。外无期功强近之亲，内无应门五尺之僮，茕茕孑立，形影相吊"。四字句占主流已经很明显，但是六字句的使用还没有形成惯例。到南北朝时期就基本确定了，如刘峻的《广绝交论》中"故轮盖所游，必非夷、惠之室；苞苴所入，实行张、霍之家"。而到初唐王勃《滕王阁序》则更加具有这一特点："时运不齐，命途多舛。冯唐易老，李广难封。屈贾谊于长沙，非无圣主；窜梁鸿于海曲，岂乏明时？所赖君子见机，达人知命。老当益壮，宁移白首之心？穷且益坚，不坠青云之志。"因此，骈文也被称为"四六文"。

第二，讲求对偶。对偶虽然不是一种自然的言语形式，但是在古汉语书写中使用很早。看起来对偶的使用与写作中遇到的对举现象有关，《论语》中凡涉及君子、小人比较的内容，多是原始的对偶句，如"君子喻于利，小人喻于利""君子周而不比，小人比而不周"等，又如"往者不可谏，来者犹可追"等，都是在比较的过程中使用对偶。这样看来，不能说对偶完全是刻意为之，它的使用符合汉语语用的需求。如本单元选取的《洛神赋》："远而望之，皎若太阳升朝霞。迫而察之，灼若芙蕖出渌波。"成熟的骈文（当然包括骈赋）一般都遵守对偶的规则。

第三，讲究音律和谐。这一特征有两方面的来源：首先是赋的传统，前面已经介绍过，赋是一种用韵的文体，且不假音乐，因此特别在意诵读时的音韵和谐，汉赋到东汉以后，呈现骈俪化的趋势，因此事实上有些赋与文并没有严格的界限。其次是齐梁时期逐渐受到重视的文章"四声八病"理论，这是文章家在长期实践中并且可能受到佛教的影响而逐渐总结出来的一套句子内部的音韵安排规则。这对于骈文的成熟与发展起到了极为关键的作用。比如南朝齐的孔稚圭所作《北山移文》的开头："钟山之英，草堂之灵，驰烟驿路，勒移山庭。夫以耿介拔俗之标，萧洒出尘之想，度白雪以方洁，干青云而直上，吾方知之矣。"又如庾信的《哀江南赋序》："日暮途远，人间何世？将军一去，大树飘零；壮士不还，寒风萧瑟。"这些句子有些押韵，有些尽管不押韵，但是讲究平仄安排，读起来抑扬顿挫。

第四，注重藻饰和用典。这是贵族文学的一个显著特点，为了表达的含蓄与典雅，也受到汉赋的影响有炫博的倾向，因此骈文作者一般都注重铺陈典故，修饰辞藻，使文章华丽可观。如庾信《哀江南赋序》："荆璧睨柱，受连城而见欺；载书横阶，捧珠盘而不定。锺仪君子，入就南冠之囚；季孙行人，留守西河之馆。申包胥之顿地，碎之以首；蔡威公之泪尽，加之以血。钓台移柳，非玉关之可望；华亭鹤唳，非河桥之可闻。"一连使用了蔺相如、毛遂、锺仪、季孙、申包胥、蔡威公、陶侃和陆机的典故，来表达内心的悲哀之情。

骈文从东汉开始兴起，经过建安时期的发展，到南朝齐、梁时达到顶峰，唐代也长期流行骈文。由于流行既久，其流弊也呈现出来。一味追求形式美感到不恰当的地步就会使文章表情达意的本质功能受到损害，因此引起了中唐柳宗元、韩愈等发起的"古文运动"，提倡复归先秦西汉之文章。但他们无法扫却骈文的影响，而是必须正视其优点。在这一点上，柳宗元、白居易乃至稍后的李商隐都作出了贡献，尤其是李商隐，他十分强调典故的使用，对后来的骈文产生了巨大影响。直至北宋初期依然是流行李商隐风格的骈文，称之为"西昆体"，不但朝廷诏告使用，一般士大夫写作也多用此。直到司马光时，士子考科举依然必须学习写作骈文，这位著名的历史学家坦言自己的骈文功底不佳，只为应试而学，因此向宰相提出不能胜任必须以骈体为皇帝起草诏令的知制诰这一重要官职。这说明，北宋古文运动的中坚其实都了解骈文，他们对古文的提倡不能不从这一背景出发来考虑。北宋以后，骈文在文学上的地位下降，直到清代才有复兴之势，但总体上并没有超出齐梁骈文的框架。

二、"书圣"王羲之

中国书法史上，王羲之的地位无可撼动，他是当之无愧的"书圣"，尽管有人认为是唐太宗对他的偏爱促成了他在书界至高无上的形象。学习书法者，无论造诣深浅，对他及其《兰亭序》《黄庭经》《乐毅论》等作品都不会陌生。有人认为，王羲之身处中国书法书体嬗变的关键时期，而他对于毛笔的创造性运用很大程度上决定了日后中国书体的流变方向。王羲之兼通楷书、行书和草书，并能够"俱变古形"，在继承前人成就的基础上，更多地融入其创新的元素，将书法艺术推到一个更高的境界。王羲之在世时已经被视为当时最伟大的书法家，他的草书作品被认为可与当时公认的"草圣"张芝媲美，尽管他自己依然谦虚地自叹不如。他的好朋友、东晋名士、政治家同时也是书法家的谢安，就对他的作品推崇备至，以至于当王羲之那位在幼年就显露书法天赋后来也成为大书法家的小儿子王献之自诩成就超越其父时，谢安大不以为然。可以说，王羲之对书法艺术的钻研是终其一生的，因此后世有人指出他的造诣也是到了晚年才达到最高境界。令人惋惜的是，他以及绝大多数唐以前书家作品，都没有留下纸本真迹，换言之，我们今天看到的所有所谓他的作品，都是古人根据真迹摹写在纸张或刻印在石碑等材料上的复制品。而那些珍贵的墨迹，则随着时代的变迁由于种种原因佚失了。比如著名的《兰亭序》，就有许多后世名家的摹本，我们有理由相信这些看起来不尽相同的摹本应该有一个共同的模仿对象，就是王羲之的真迹，我们今天最为熟悉的《兰亭序》是唐代的冯承素摹写的。

王羲之后世基本以书法家的面目出现，人们只是偶尔提及"东床坦腹"一类的典故。早在《颜氏家训》中，颜之推就告诫自己的孩子，王羲之其实是东晋大名士，也擅长清谈，能诗文，极具个性，但是由于书法技艺高超反而遮蔽了他的其他优点。当然，他是将书法等艺术视为"小技"才为此感到遗憾的，但我们从中也许还能领悟到，王羲之的书法或许应该与其时代、经历、思想、生活态度等联系在一起考虑才更为全面。

思考与练习

1. 阅读《登楼赋》，登楼本为消忧，纵目望去，确也风光如画：地势开阔，山川秀美，物产富饶。但为什么最终作者还是感到忧愁？尝试从读过的诗文中再举出类似的例子，与大家交流。

2. 向秀的《思旧赋》表达含蓄却十分动人。你是否也有别离很久的好朋友，你们曾经有一段美好的时光，当某一天你突然来到你们曾经共同驻留过的某处，触景伤怀，想给他写一封信或者道一声问候？尝试模仿《思旧赋》的特点，把你的独特经历和真实情感抒写出来，注意表达的含蓄。

3. 仔细欣赏王羲之的尺牍书法，并且自己尝试用毛笔写几封短信，向不同的朋友倾诉内心，看看自己的字是否随着情感的变化而产生不同。

4. 《与陈伯之书》中"暮春三月，江南草长，杂花生树，群莺乱飞"几句，使多少人为江南之春痴狂，尝试展开想象，将你体验到的江南之春画出来，并写一首题画诗，和大家一起交流。

5. 吴均在《与顾章书》中说选择石门山隐居的原因为"幸富菊花，偏饶竹实。山谷所资，于斯已办。仁智所乐，岂徒语哉！"又有人说："作者把石门山清幽秀美的风景，如诗如画般地展现在我们眼前。体现了乐山乐水的文人志气和隐居避世的高洁情怀，对自然、自由的热爱，对生命力的赞颂，对功名利禄的鄙弃，对官场政务的厌倦。"对这些说法，你怎么看？

6. 庾信的《哀江南赋序》使用了大量典故，在注释和老师的帮助下，查阅其出处，将它们加以罗列，看看这些典故与作者要表达的感情之间有什么关系？尝试选择一个主题，模仿这篇文章，写一篇短文，注意尝试用典。

7. 李白也写过《门有车马客行》："门有车马宾，金鞍耀朱轮。谓从丹霄落，乃是故乡亲。呼儿扫中堂，坐客论悲辛。对酒两不饮，停觞泪盈巾。叹我万里游，飘摇三十春。空谈帝王略，紫绶不挂身。雄剑藏玉匣，阴符生素尘。廓落无所合，流离湘水滨。借问宗党间，多为泉下人。生苦百战役，死托万古邻。北风扬胡沙，埋翳周与秦。大运且如此，苍穹宁匪仁？恻怆竟何道，存亡任大钩。"将它与陆机的原作进行比较，说说它们在内容、手法上的异同。

8. 谢灵运和谢朓并称"二谢"，谢灵运为"大谢"，谢朓为"小谢"，他们都善于写自然风光，从本单元选取的三首作品来看，说说他们在写景上的不同之处；看看年辈稍后的谢朓在写景的技巧上有什么进步？